W0287768

Raconte-moi d'où je viens

DU MÊME AUTEUR

Parents-adolescents, des rendez-vous manqués ? Casterman, 1980.

Grandir avec ses enfants ; comment vivre l'aventure parentale, Syros-La Découverte, 2001.

Nous nous sommes tant trahis. Amour, famille et trahisons, Denoël, 2004.

Arrêtez de vous disputer !, Faut-il se mêler des conflits des enfants ? avec Isabelle Gravillon, Albin Michel, 2005.

Nicole Prieur

Raconte-moi d'où je viens

Bayard

Avec la collaboration éditoriale de
Brigitte Canuel

DANGER
LE PHOTOCOPILLAGE TUE LE LIVRE

Tous droits réservés. La loi du 11 mars 1957 interdit les copies ou reproductions destinées à une utilisation collective. Toute représentation ou reproduction intégrale ou partielle faite par quelque procédé que ce soit, sans le consentement de l'auteur et de l'éditeur, est illicite et constitue une contrefaçon sanctionnée par les articles 425 et suivants du Code pénal.

ISBN : 978-2-227-47512-0
© Bayard, 2007
3 et 5, rue Bayard, 75393 Paris Cedex 08

« Mon pays, je le dessine au jour le jour.

Il n'a pas de nom. J'aime qu'il soit sans nom. Il est cet horizon logé dans cette seconde-là. »

Colette Fellous

Introduction

« Ça commence où l'origine ? »

L'origine, c'est ce murmure qui traverse l'existence, bruissement imperceptible d'une source lointaine et inépuisable. Musique vagabonde qui chante au plus profond de nous, permanente, insaisissable.

C'est le trouble d'une odeur venue caresser un improbable souvenir. Saveur subtile et impalpable, elle nous accompagne incognito tout au long de la vie, et nous surprend toujours par son étrange fugacité.

L'origine éveille les sens et taquine notre besoin frileux de rationalité.

Le corps sait des choses que les mots ne peuvent atteindre ; un savoir d'enfant, des images d'avant les mots, empreinte indélébile que le temps recrée au gré des événements. Nous n'habitons plus ce lieu, et pourtant il ne cesse de nous habiter.

Espace imperceptible d'une absence souveraine qui se love dans notre intimité. Immémoriale, l'origine fait surgir la mémoire. Quelque chose fait lien en nous et constitue la trame indicible de notre histoire.

L'origine, c'est une rencontre toujours en attente

Pour savoir qui on est, on a besoin de savoir d'où l'on vient ; pour comprendre où l'on va, le récit des origines est nécessaire. Ces trois questions « Qui sommes-nous ? D'où venons-nous ? Où allons-nous ? » éclairent le sens de notre existence.

Mais l'origine est insituable, territoire incertain, temps immémorial. Elle ne se laisse pas réduire à un point clos, fixe ou définitif de notre histoire. Elle ne se résume pas, loin s'en faut, à une date ou un lieu de naissance. Point fuyant toujours plus loin, elle nous entraîne dans un mouvement incessant. Feu follet de l'existence, elle nous précède, on la recherche ; on la perd sitôt trouvée ; elle n'est jamais tout à fait comme on l'imagine.

L'origine, c'est un bouillonnement où se croisent étincelles de hasards, contingences, mémoire et oubli, fulgurance et durée. C'est un processus toujours à l'œuvre qui nous inscrit dans la plus grande mobilité.

Contrairement à certains stéréotypes qui voudraient la figer, elle inscrit l'être humain dans une fluidité étourdissante. Indélébile, elle reste pourtant toujours à recréer.

L'origine, c'est davantage l'horizon du devenir que le lieu du souvenir. Images impénétrables, d'où surgit l'avenir. Ne l'enfermons pas dans les replis de la nostalgie, elle tient sa magie de son énigme irréductible.

Inquiétante et rassurante tout à la fois, l'origine fascine petits et grands. Elle ne cesse de nous interroger tout au long de notre vie. La pensée de l'origine, ce n'est peut-être ni plus ni moins que la voie d'accès à la spiritualité.

Certains pensent que l'énigme est trace. « La trace, c'est la proximité de Dieu dans le visage de mon prochain... La transcendance est ce qui nous fait face[1]. »

1. E. LEVINAS, *Entre nous*, Grasset, 1991.

L'origine interroge notre place dans l'existence, mais peut-être encore davantage la place que nous sommes capables de faire à l'Autre, à ceux d'une autre origine.

Les questions de nos enfants

D'accord, allez-vous me dire, mais comment répondre aux questions taraudantes de nos enfants sur leurs origines ? « Dis maman, où j'étais quand j'étais pas né(e) ? Est-ce que tu sais toi ? Parce que papa i' sait pas, i' m'a dit de te demander. »

Bientôt suivie d'une nouvelle salve : « Et le premier canard, comment il est venu sur terre ? Pourquoi ma petite sœur, elle a pas été dans le ventre d'une autre maman ? I' faut toujours un papa et une maman pour faire un bébé ? Ça a été quand la Première Guerre ?... »

Les questions des enfants sur leurs origines nous entraînent, sans ménagement, dans un voyage sans frontières à travers le temps et l'espace, ils nous conduisent dans la vaste aventure de l'univers et de l'humanité.

Devant l'étonnement que suscite en eux le monde qu'ils découvrent, les enfants ne s'intéressent pas seulement à leurs origines personnelles en tant qu'individus, mais ils s'intéressent à tout ce qui a commencé un jour et aux conditions d'émergence de tout ce qui constitue l'univers – commencement du temps, du ciel, de l'eau, de la vie sur terre –, ainsi qu'à celui de la violence – d'où vient le mal si un bon dieu existe ? Et tant d'autres questions se bousculent en eux qu'ils ne savent pas toujours formuler.

Balayant l'immensité du vivant, les enfants nous font parcourir en quelques fractions de seconde le champ incommensurable de l'humain.

C'est le processus même de la naissance qu'ils veulent appréhender : qu'est-ce qui fait qu'à un moment donné il n'y avait rien et qu'ensuite il y eut quelque chose – un arbre, une fleur, une maladie... Pur hasard ? Volonté de quelque démiurge ?

De quelles clefs disposons-nous pour étancher leur soif et leur curiosité ?

Il faudrait être un peu spécialiste de la préhistoire, avoir quelques notions d'astrophysique, avec un petit zeste de génétique, une bonne dose d'imagination, sans oublier un brin de poésie. Soit, tout cela est passionnant mais pas facile.

De toutes les manières, inutile de vous faire des illusions ! Vos réponses seraient aussi complètes que possible, aussitôt vos chers enfants trouveraient de nouvelles questions qui vous tireraient de la douce quiétude dont vous rêvez.

Il y a toujours une origine à une origine

Après une origine, on trouve encore une autre origine, ou alors nous butons et trébuchons sur l'éternité – et comme disait Woody Allen : « L'éternité, c'est bien, mais c'est un peu long, surtout vers la fin. » Ou bien nous nous heurtons à l'immortalité, et ce n'est pas mieux : « On peut mourir d'être immortel[2]. »

Le temps des commencements nous conduit aux confins de l'intelligible. L'origine est fondamentalement irreprésentable, inconcevable, impensable et, bien entendu, nous avons un besoin irrémissible de la penser, de la représenter, de la concevoir.

Dieu est-il nécessaire à la pensée de l'origine ? Son silence nous laisse bien seul.

2. F. Nietzsche, *Ainsi parlait Zarathoustra*, Gallimard, 1947.

Devant le vertige du gouffre originel, il est essentiel de fonder des repères, quels qu'ils soient. Pour ne pas sombrer dans la psychose, dans la folie, il faut donner des limites à cet illimité, le nommer, tenter de le décrire en racontant l'histoire d'un commencement, par exemple le big-bang. Les enfants autistes se perdent dans cet abîme dans lequel ils ne trouvent pas de bords, de ports pour s'arrimer, de sol pour se poser.

Quoi qu'il en soit, il n'est pas évident d'aborder avec nos enfants ces questions auxquelles nul n'a de réponses !

Chaque société, chaque culture a inventé ses mythes, ses cosmogonies organisant ainsi une représentation commune des origines. Pendant longtemps, les religions ont apporté des réponses.

Mais aujourd'hui la science a ouvert quelques brèches et elle a démultiplié à loisir le questionnement, sans prétendre apporter de réponses définitives. Toute nouvelle connaissance scientifique ouvre un champ toujours plus grand d'ignorance, de découvertes à explorer.

Les représentations collectives ne suffisent plus à donner du sens, et à cerner un monde qui devient – sans complexes – de plus en plus complexe, et qui laisse les parents seuls et perplexes.

Alors, si vous êtes perdus, bravo

C'est que tout va bien ! Pour autant qu'elles soient inconfortables, les questions de nos enfants et petits-enfants sont une véritable aubaine !

Elles font éclater nos cadres de références habituels ; elles viennent faire fracture dans une vision routinière. Grâce à elles, nous cessons de vivre dans le monde de tous les jours, ce qui est une extraordinaire manière de le réinventer.

Interroger les conditions d'émergence des choses nous donne la possibilité d'en intégrer les ressorts et peut-être d'être plus créatifs. Nous faisant sortir du quotidien, elles font reculer les limites de notre réflexion et, oserais-je le dire, déplacent le centre de nos intérêts au-delà de notre ego, de notre personne. Vacillant dans nos certitudes, nous sommes sommés d'élaborer notre propre représentation du monde. Revisitant nos convictions les plus profondes, nous voilà contraints de repenser ce qui fait sens pour nous, de refonder notre système de valeurs et notre éthique.

Les enfants par leur saine et involontaire entreprise de déstabilisation nous mettent en mouvement, en marche, une question ouvre sur une nouvelle question et, chose extraordinaire, ils nous rendent *encore plus* vivants.

Mine de rien, en nous introduisant à l'infini du vivant, ils nous ouvrent l'espace de la spiritualité, ils interrogent notre capacité à créer du sens, là où il ne s'impose plus avec certitude.

Face à l'incompréhensible de l'origine, nous serons toujours en quête ; et la manière dont nous rebondissons, réfléchissons, cherchons, voilà ce qui est essentiel pour eux.

La manière dont nous naviguons dans cette immensité de la vie, dans ce qu'elle a de tragique et de magique, la manière dont nous savourons son extraordinaire foisonnement, voilà ce qui fait de nous de véritables référents, aux yeux de nos enfants.

Ce ne sont pas les réponses qui sont structurantes, mais les questions.

L'origine ne fait sens que par les questions qu'elle pose, et par la parole qu'elle permet de faire circuler autour de son impensable.

Plus les enfants nous verront à l'aise avec cet inconcevable, plus ils parviendront à émailler leur vision d'une part inévitable de merveilleux.

Car le récit des origines, la narration de la genèse ne peut être que de l'ordre du conte, de l'imaginaire, du fantastique, du fantasmatique, et du mythique, autour duquel se structurent et s'ordonnent notre système de croyances, notre spiritualité.

Leur émerveillement, leurs peurs, leurs doutes, le chant intérieur de leurs espoirs devant la vie qui se tisse depuis des millénaires créant sans cesse du nouveau à chaque fraction de seconde, bref, tout ce qui est contenu dans leurs questions nous offre la possibilité de réenchanter le monde.

L'origine, c'est une parole qui se cherche, un dialogue qui se tisse

Il était une fois... L'origine n'est donc qu'un conte, mais le fait qu'elle ne soit qu'un conte, ce n'est pas rien. C'est un récit qui à la fois nous relie et nous sépare.

Dès qu'il a conscience du temps, le jeune enfant découvre qu'il n'est pas à l'origine de sa propre existence, que le monde lui a préexisté, que la vie peut continuer sans lui. Ce qui le fonde est extérieur et antérieur à lui ; il fait ainsi l'expérience de la transcendance, et ce n'est pas évident, d'autant qu'il ne possède pas encore les mots qui lui permettront d'intégrer cette dimension irrévocable du sujet humain.

Alors l'enfant questionne, interroge, interpelle, car il a besoin de se situer dans cet extérieur qui l'accueille mais aussi qui s'impose à lui et qui l'englobe.

À l'ombre de ses questions, une sourde inquiétude pointe, qui ne peut s'expliciter comme telle : « Pourquoi j'existe », nous demande-t-il implicitement, « pourquoi j'existe ici, en ce lieu, en ce temps, dans cette famille, avec ces parents-là – j'aurais pu naître ailleurs en d'autres temps, pourquoi moi là, ici, avec vous ? »

Il a besoin de sentir qu'il n'est pas là tout à fait par hasard, qu'il y a du désir, du projet derrière l'apparente contingence de sa présence sur terre.

À travers ses questions il a besoin qu'une parole extérieure atteste de son existence, et de son importance.

Car de ses origines, de sa naissance, lui-même ne peut rien en dire. Il ne peut entendre le récit de ses origines que de la parole d'un autre.

L'origine institue d'office l'altérité, le place dans un système de liens qui vont structurer son sentiment d'appartenance.

Entendre ses parents, ses frères et sœurs, ses grands-parents évoquer sa naissance, ses origines, chacun avec ses mots propres, chacun avec sa vision toute personnelle constitue une invitation à habiter la place, les places qu'on lui assigne.

Son existence prend corps dans ces paroles extérieures à la sienne.

À chaque âge, ses interrogations

À peine commencerez-vous à être un peu familiers avec les questions de vos enfants, que déjà leur adolescence pointe, apportant un autre flot d'interrogations, teintées de couleurs différentes. Les références originaires vont se complexifier.

Pour l'adolescent, l'origine va s'éprouver comme quelque chose d'intérieur et de personnel. Leur interrogation ne relève plus seulement de l'existentiel mais aussi de l'identitaire. L'origine devient une réalité immanente, leur permettant d'élaborer leur différenciation.

Leur corps devient le lieu d'émergence de quelque chose de nouveau. Il/elle va découvrir, vivre des quantités de « premières fois » : les premières règles, les premières érections, le premier flirt, les premiers émois sexuels, etc.

Pour l'adolescent à la recherche de lui-même, il ne s'agit plus seulement de parcourir la vaste contrée du monde, et l'histoire immémoriale de l'humanité, il s'agit de constituer ses propres contours, d'habiter son propre territoire, de délimiter ses propres frontières, psychiques, corporelles, etc., c'est la genèse de son individuation.

Il ne prendra plus pour argent comptant le récit que vous lui faites de ses origines.

Avec excès, les adolescents veulent tout savoir de leurs origines. Quelquefois, c'est pour mieux les renier, quelquefois, c'est pour mieux s'y fondre, s'y dissoudre, alternant bien souvent les mouvements contradictoires.

Ils vont vouloir chercher par eux-mêmes, interrogeant les oncles, les tantes, les grands-parents, les institutions quand ils ont été adoptés.

Ils vont donner une large importance à la composante culturelle, ethnique, religieuse de leur origine. Pour se situer, se reconnaître eux-mêmes, l'appartenance aux groupes va être fondatrice. Ils seront à la recherche d'appartenances extra-familiales. La parole de leurs pairs prendra alors de plus en plus de poids : « Dis-moi que je fais partie du même groupe que toi, quelles que soient mes origines ou au contraire par le fait que nous venions du même immeuble, du même pays, ou que nous ayons la même religion. »

L'origine risque alors de devenir le point d'ancrage d'une identité en errance. On s'y arrime d'autant plus fortement qu'on a du mal à se réaliser sur d'autres plans – professionnel, relationnel, amoureux.

Une question qui ne nous quitte pas

La rencontre amoureuse, le début de la vie en couple, oblige le jeune adulte à considérer *aussi* les origines de l'autre, ce qui transformera encore sa position par rapport à ses propres origines.

Et puis, en devenant parent, la question des origines interrogera les processus de transmission.

Que voulons-nous faire passer, que transmettons-nous consciemment ou non ? Dans quelle filiation psychique impliquons-nous nos enfants de manière inconsciente ? Quelle représentation avons-nous des origines de nos enfants ? Où la situons-nous ?

Quant aux grands-parents, ils sont la mémoire vivante d'un fragment du temps de l'origine.

Aux différentes étapes de la vie, l'origine n'a pas la même épaisseur, la même résonance. On n'y cherche pas tout à fait la même chose. Elle ne permet pas de résoudre les mêmes problématiques.

Et cette question s'impose à chacun de manière irrémissible.

Voulons-nous feindre de l'ignorer, elle revient comme un boomerang. Tantôt comme la blessure béante d'une perte qui n'en finit pas, d'où s'enracinent vulnérabilité et sensibilité. Tantôt comme le point d'appui où l'on se pose pour y puiser forces et désirs ; source au goût unique mêlant le miel et le fiel, charriant peines et joies, espoirs et renoncements. Quel que soit l'âge, on s'y désaltère, on s'y abreuve ; quelles que soient la distance parcourue, les galères traversées, elle nous nourrit.

Ainsi, tout au long de sa vie, comme un véritable kaléidoscope, le récit de l'origine se fait, se défait, se refait autrement. Dans un dialogue avec les autres, avec soi-même. On ne raconte jamais de la même manière ses origines.

Récits pluriels. La question des origines situe ainsi le sujet à la croisée de l'universel et de l'individuel, du déterminisme et de la liberté.

La genèse du sujet s'inscrit dans un récit qui n'en finit pas de s'écrire.

L'origine ouvre sur l'inachevé.

Aujourd'hui, des origines inédites

Durant des siècles, définir son origine revenait à nommer sa filiation : je suis le fils, la fille de... Inscrit dans une généalogie repérable, il y avait aussi de fortes chances de vivre dans le même lieu que ses parents, voire d'exercer le même métier. Existait alors pour beaucoup une unité de lieu, de temps, de filiation. En tous les cas une certaine évidence dans la continuité générationnelle.

Aujourd'hui, la filiation est moins lisible. De moins en moins d'enfants ont la même origine que leurs parents. Du fait des grands mouvements migratoires, et de la mobilité de plus en plus fréquente des individus, on ne vit plus là où on est né, ni là où on a été élevé, encore moins sur la terre natale des ancêtres.

Pour les enfants adoptés, le secret des origines est un problème douloureux qui continue à se poser. Si la législation permet l'accès à certaines informations, le parcours demeure difficile, les carences de données restent importantes.

Les nouvelles configurations familiales et les stérilités des couples (un couple sur six en âge de procréer consulte pour stérilité) font que de plus en plus d'enfants sont élevés par une mère ou un père « non biologique ».

Les progrès de la biologie, le développement de techniques d'aide médicale à la procréation, que ce soit les FIV (fécondation in vitro) ou les IAD (insémination avec donneur), introduisent des situations et des origines inédites.

Troubles dans la filiation

Dans des conditions toujours douloureuses, la stérilité d'un couple est souvent cachée à la famille, elle est vécue dans un silence, des non-dits, voire des mensonges.

C'est une véritable épreuve pour les deux partenaires, un véritable parcours du combattant, traversé dans une profonde solitude, et dans un contexte très médicalisé, insuffisamment disponible pour entendre et prendre en compte les aspects psychoaffectifs des enjeux. Si les médias en parlent, si des sites existent sur Internet, il y a peu de livres encore.

Ainsi pour les bébés nés grâce à une FIV, l'origine, est-ce le « tube » froid et inhumain du laboratoire ? Est-il l'enfant du désir parental, de la médecine, de la douleur, de la technique, l'enfant du miracle ? Tout cela en même temps et bien plus encore. Les enfants sont la résultante de projets et de désirs complexes. Comment s'y retrouvent-ils ? Cela a-t-il une incidence sur la relation parent-enfant ? Cela influence-t-il leur développement ?

Si nous prenons le cas de l'IAD, l'embryon peut désormais être « fabriqué » à partir des gamètes de la mère biologique et ceux d'un père donneur. La loi française, jusqu'à présent, maintient l'anonymat de ce donneur[3].

3. Un projet de loi vient d'être déposé pour permettre un choix : garder l'anonymat ou avoir la possibilité de le lever.

L'enfant sera élevé par son père – mari ou compagnon de sa mère –, et ignorera tout du « donneur », peut-être même qu'il a existé. Mais que fait-on du capital génétique nécessairement transmis ? Si l'enfant a une maladie génétique qui se révèle, que lui dira-t-on ? Est-on en train – légalement – de constituer de nouveaux secrets ? Et en même temps que dire à l'enfant ?

Nous ignorons ce que l'inconscient de l'enfant sait, ce qu'il pressent et perçoit des multiples désirs qui ont présidé à sa naissance.

Ce que nous constatons par contre, c'est le poids que peut avoir sur l'enfant la souffrance parentale. Et ce, d'autant plus qu'elle n'a pas été élaborée dans le couple.

Avant de se demander ce qu'il y a lieu de dire à ses enfants, il est essentiel de *se* dire d'abord à soi-même comment on vit tout cela, de *le* dire à l'autre dans le couple, d'entendre ce qu'il a à *nous* dire, dans un échange profond et authentique.

Oser évoquer ses doutes, ses craintes, faire circuler la parole dans le couple afin que l'inconscient du couple ne vienne pas faire obstacle à l'affiliation de l'enfant au père et à la mère qui l'élèvent, auprès desquels il grandit.

Des changements qui concernent tout le monde

Certaines méthodes ne sont pas autorisées en France, elles sont cependant accessibles dans les pays limitrophes et via Internet : mère porteuse, don d'ovocyte.

Les progrès avançant à grands pas, le biologiste et philosophe Henri Atlan imagine d'ici une cinquantaine d'années la possibilité d'avoir des enfants sans gestation. Plus besoin du ventre de la mère pour faire des bébés !

Mine de rien, nous assistons à une révolution absolue, à une remise en cause radicale et irréversible de ce qui constituait depuis des temps immémoriaux le lien fondateur de la relation mère-enfant : le socle sexuel de la procréation.

Et cela bouleverse fondamentalement la représentation ancestrale, issue des textes fondateurs bibliques, à savoir « l'enfant comme chair de la chair de ses parents, comme sang de leur sang ».

L'enfant n'est plus nécessairement issu de la sexualité de ses parents. Le père, la mère ne sont pas toujours ceux qui ont donné leurs gamètes. Pour faire un enfant, il ne suffit plus d'un homme et d'une femme ; plusieurs acteurs interviennent, à des étapes différentes. Quelle place ont-ils dans la représentation de l'origine ?

Faire des enfants ne va plus de soi, une mère n'est plus forcément celle qui porte l'enfant, le père géniteur n'est pas le père qui élève l'enfant, on n'a plus besoin d'être deux pour faire, adopter ou élever un enfant, le couple parental n'est plus seulement constitué d'un homme et d'une femme. Une femme peut porter l'enfant d'un couple homosexuel. Si la maternité fut jusqu'à présent « garantie » par le fait de la grossesse de la mère, elle n'est plus tout aussi certaine désormais, dans le cas de dons d'ovocytes.

Le couple parental n'est plus nécessairement le lieu de l'unité de la procréation. Il y a désormais une dissociation irréductible entre parenté sociale, biologique, légale, symbolique. En conséquence, les modèles de filiation et de parenté vont encore plus se complexifier, se multiplier.

Qui est mère ? Qui est père ? L'homme qui a donné son sperme ou la femme qui a donné son ovocyte, la femme qui porte l'enfant, l'homme qui a sollicité la mère porteuse, celle ou celui qui l'élève, qui donne son nom, qui a abandonné, qui a adopté ? Il y a comme une abondance, une prolifération de mères et de pères autour de certains enfants, alors que d'autres restent dans des schémas encore traditionnels. Les fonctions sont dissociées, mais elles ne disparaissent pas. Comment s'articulent-elles ? La concomitance de multiples modèles ne facilite pas les repérages.

Comment penser cette parenté, qui sait encore aujourd'hui ce que c'est qu'être mère, père ? Les plus créatifs, les mieux armés psychiquement, socialement parviennent plus ou moins bien à forger leurs repères et à instituer avec leurs enfants des relations satisfaisantes. Mais bien d'autres sont fragilisés.

Inutile de feindre de l'ignorer, ou d'espérer de manière nostalgique le retour d'une famille mythique, cela ne fera qu'augmenter la souffrance des enfants, des hommes et des femmes qui vivent de plus en plus fréquemment dans des situations inédites.

Il est indispensable d'accompagner ces changements ; car les liens de parenté s'ils se transforment sont loin de disparaître, et s'ils nous déroutent sont loin de n'être que catastrophiques.

Car, n'en doutons pas, cette lame de fond travaille en sourdine *tous* les hommes et *toutes* les femmes depuis le milieu du XXe siècle, même si elle ne les touche pas tous directement et n'en concerne que quelques-uns. Elle a commencé avec la contraception, qui a d'abord dissocié la sexualité de l'engendrement, tout cela dans un contexte où les représentations du féminin, du masculin, du parental, de la place de l'enfant ont évolué rapidement...

Cela nous met tous, au quotidien, devant des choix incessants : « Je fais l'amour pour le plaisir ou pour avoir un enfant ? » « Cet homme qui est mon amant du moment, je le veux comme père de mes futurs enfants ou non ? » « Je suis enceinte, je garde ou non l'enfant ? » « Si j'adopte, je veux un enfant de couleur ou non ? Une fille, un garçon ? » « Suis-je prêt(e) à être mère/père ? » Nous n'avons pas encore mesuré à quel point ces libertés nouvelles créent en nous des tiraillements, des conflits de valeurs.

Cette lame de fond me semble encore plus radicale que la transformation des structures familiales. Car cette nouvelle donne anthropologique interroge ni plus ni moins la construction de l'identité. Elle nous place *tous* devant la perte d'un sentiment d'unité intérieure, susceptible de générer souffrance, angoisse, insécurité intérieure, difficulté à se situer, à s'affirmer. Quelque chose se complique dans l'élaboration du sentiment de soi, mettant au défi chacun d'avoir à « s'inventer », à « se trouver ». Aventure féconde, s'il en faut, mais ardue d'autant que l'on y est peu préparé. Et c'est bien dans ce contexte-là que nos enfants évoluent, avec des parents qui se débrouillent comme ils peuvent avec tous ces changements.

Dans un tel environnement, la référence aux origines s'avère encore plus nécessaire que jamais ; en témoigne l'engouement pour le généalogique. Cet intérêt peut utilement contribuer à définir les nouvelles places et fonctions parentales, les nouveaux réseaux de filiation qui s'instituent autour de l'enfant.

Mais, attention, soyons très vigilants, cette quête des origines n'est pas sans risque de dérives, nous devons être attentifs à la fonction qu'on peut être tenté de donner à l'originaire.

Toute sacralisation ou crispation sur les origines est un danger potentiel.

L'homoparentalité en question

Et ce n'est pas un hasard si nous assistons à une demande tout à fait inédite d'homoparentalité. Les anthropologues l'attestent, l'homosexualité a existé de tout temps, par contre, pour la toute première fois depuis l'histoire de l'humanité, les couples homosexuels revendiquent la possibilité d'être parents, alors même que les divorces des couples hétéro se multiplient, que les liens familiaux se dissolvent.

Cette demande me semble être la conséquence des changements radicaux dont nous avons parlé. Les progrès médicaux, les changements de représentation l'ont rendue possible. Elle n'émane pas *ex nihilo*, ce qui la rend encore plus importante à entendre et à prendre en compte.

Si cette revendication choque encore certains esprits chagrins, c'est sans doute parce qu'elle rend plus visibles toutes ces révolutions et qu'elle les concentre quasiment toutes.

Elle est la manifestation la plus explicite des changements de paradigmes dont nous parlions.

À ce titre, elle mérite toute notre attention. L'homoparentalité me semble être une réalité susceptible de nous aider dans notre réflexion. Cela suppose, il va de soi, que nous abandonnions une fois pour toutes des arrière-pensées ou préjugés d'un autre âge.

Vous l'avez compris, une réflexion sur les origines ne sera féconde que si elle nous aide à être prospectif, créatif. Elle doit nous aider à penser notre présent, le futur de nos enfants, et à construire si possible une éthique relationnelle la plus large possible.

En effet, dans la volonté des couples homosexuels de fonder une famille, de porter la vie, de transmettre, de donner de l'amour, de constituer des fratries, nous pouvons trouver des réponses à nos questions.

La manière dont certains assument la co-parentalité, la pluri-parentalité peut nous aider à reconsidérer les ressorts du lien filial et du symbolique qui circule entre parents et enfants, quelle que soit la manière dont un enfant naît, quelle que soit la structure familiale qui l'accueille.

Car bien entendu, ces métamorphoses de la parenté constituent un véritable défi aux sciences humaines. Qu'on le veuille ou non, elles rendent totalement inopérantes nos grilles de lecture « traditionnelles ».

De qui a-t-on besoin de se reconnaître l'enfant pour accéder à sa dignité et à sa liberté de sujet ? Comment aider les parents à trouver les mots, à dépasser leurs peurs, leurs souffrances, leur culpabilité ?

Ouvrir la réflexion

Élargir le concept de l'origine est un enjeu essentiel de notre réflexion.

L'origine, en tant que réalité plurielle, hétérogène, éprouvée dans toute sa complexité, c'est-à-dire dans ses antagonismes mêmes, sera notre passeport pour aller voguer sur les terres de la diversité que chaque être humain porte en soi.

Pour cela, vous l'avez compris, je n'hésiterai pas à remettre en cause plus d'une fois la fonction traditionnelle que l'on attribue aux origines. Interroger sa fonction idéologique me semble indispensable.

Si l'originaire est central dans l'élaboration de l'identité, il peut aboutir au pire quand il justifie le repli communautaire et au meilleur quand il introduit une altérité en acte.

Le danger consiste à idéaliser l'origine, à en faire le refuge d'une pureté qui aurait été perdue et qui serait à reconquérir, à défendre. L'origine ouvre davantage sur l'inconnu, l'inconnu de soi et celui des autres, que sur la défense illusoire d'un passé.

Passionnant, vous l'avouerez, mais ardu. Nous ne serons pas trop de vous, de moi, de bien des chercheurs et auteurs qui ont déjà réfléchi à tout cela, pour avancer et inventer ensemble. La réflexion ne peut être qu'interdisciplinaire, qu'interactionnelle.

En écrivant ce livre, je n'ai pas d'autre prétention que de voyager avec vous dans ces terres nouvelles de la filiation, de réinterroger les concepts inédits de la parenté.

Encore un tour de la nomade qui sommeille en moi !

L'origine de ce livre

Est-ce tout à fait un hasard, si ce livre a pris forme sous la chaleur torride du bassin méditerranéen, dans une lumière exhalant les senteurs mêlées des eucalyptus, des pins et des figuiers, à quelques encablures d'un port multicolore ?

Ce sujet m'a interpellé. L'origine est toujours une proposition, non pas un enfermement, une provenance toujours à réinventer.

Juive d'origine kabyle, française née en Algérie, enracinée dans cette Méditerranée contrastée, mais toujours en partance. Mes origines plurielles, métissées sont un point d'ancrage arrimé à l'intérieur de moi, je me sens chez moi partout où le sourire d'un enfant m'accueille. Fidèle mais jamais attachée, en marge des frontières.

Une famille aux éclats de vie chamarrés, un couple précieux parce que toujours surprenant, des enfants merveilleusement libres et généreux ont fini par forger – non sans écorchures – une bonne dose de tolérance.

Mes patients, petits et grands, me guident au quotidien dans les profondeurs de l'humain.

Si vous en êtes d'accord, commençons ce voyage au cœur des origines, je suis curieuse et impatiente de voir où il nous mènera.

Peut-être par les errances auxquelles vous serez conviés tout au long de ces pages, se construira en vous, en moi, dans le tissage d'un dialogue imperceptible et sans qu'on y prenne garde, quelque chose d'une unité intérieure et singulière, apaisante et stimulante.

Déjà, j'entends le bruissement du chant apaisé des origines...

1

« Où j'étais, quand j'étais pas né(e) ? »

« Mais d'où venons-nous ? dit le roi.
Je n'en sais rien, dit le phénix. »
Voltaire, *La princesse de Babylone*

Dis, c'était quand les dinosaures ?

Avant le big-bang, y avait quoi ?

Fièrement, Mélanie me tend son dessin : « Tiens, ça c'est le big-bang » me dit-elle. Puis sans attendre de réponse de ma part, elle poursuit.

« Ben oui, j'ai dessiné ça parce que plus tard, je veux faire un club de nature, pour protéger la nature ; alors ça m'intéresse la création de la terre. »

Elle marque un temps d'arrêt, puis reprend : « On pourrait dire que c'est l'histoire de deux enfants qui remontent le temps, ils retournent au temps des dinosaures, mais ils n'arrivent plus à revenir au XXIe siècle. »

Inutile de vous dire que la séance fut très riche et que j'y ai pris beaucoup de plaisir.

Du haut de ses huit ans, Mélanie philosophait tout simplement avec moi, sur un ton à la fois ludique et grave.

Les enfants ont une passion toute particulière pour les dinosaures. Évoquer au XXIe siècle ces animaux disparus depuis des millénaires a quelque chose de rassurant. Ils servent de support à la représentation des temps primordiaux. C'est par l'imaginaire que l'enfant peut avoir accès à ces temps originaires.

Rendre présent – par l'imagination – ce qui n'existe plus atténue considérablement l'inquiétude que la découverte du temps suscite inévitablement chez les enfants.

C'est pour eux un moyen métaphorique de dépasser des angoisses existentielles peu accessibles par la parole et donc particulièrement menaçantes.

Précieux tyrannosaures et autres monstres apprivoisés par nos chers chérubins ! S'ils savaient l'aide inestimable qu'ils apportent si longtemps après leur passage sur terre !

Dès qu'ils accèdent à la conscience du temps, les enfants en comprennent la loi inéluctable, la dure loi de la perte. Les enfants ne tardent pas à être confrontés à l'idée de la finitude : la mort est contenue dans tout ce qui a un début. Si les choses, la terre, les hommes, les animaux, la nature – dirait Mélanie – ont un commencement, c'est qu'ils auront une fin.

L'origine inclut la finitude. Penser l'origine, c'est affronter la certitude de la fin.

L'idée de la mort n'est pas nécessairement morbide pour eux, elle leur paraît cependant violente, difficile à admettre. Les images qu'ils reçoivent massivement des catastrophes naturelles, des guerres, les informations qu'ils entendent sur les risques écologiques rendent la mort encore plus présente, plus injuste, plus inadmissible. Ils ont peur pour leurs proches, pour eux-mêmes.

Cette inquiétude, ils peuvent cependant la partager, et ils arrivent tant bien que mal à s'en défendre, d'autant que les jeux électroniques laissent à penser qu'on peut avoir plusieurs vies.

Mais une autre angoisse gronde en eux, plus sourde, plus archaïque. Vertigineuse, elle ouvre sur un gouffre sans fond. Elle vient de très loin, d'avant les mots, elle les hante, car elle les place face au néant, et devant une totale solitude.

« J'étais où quand j'étais pas né ? J'étais rien ? C'est comment quand on n'est pas encore dans le ventre de la maman ? On attend où ? »

Ce n'est plus tant la pensée de l'origine qui trouble, c'est l'inconcevable du « avant d'avant moi ».

Comment concevoir qu'avant de naître, on n'existait pas ? Terrifiante angoisse d'anéantissement, d'engloutissement, dans laquelle se manifeste la crainte d'être absorbé par ce monde, néantisé par son immensité, dévoré, ou rejeté. Pour ne pas y sombrer, il leur faut dater le temps, ponctuer l'histoire, construire des limites à cet inconcevable pour le rendre représentable.

Et puis quelle blessure narcissique ! Imaginer toutes ces années pendant lesquelles l'univers, la terre, la famille, les parents ont pu vivre *sans* eux ! « Et si on comptait pour de rire ? » Le monde les accueille, mais peut tout aussi bien se passer d'eux.

Imaginer qu'on a été personne, faut-il en passer par là pour devenir quelqu'un ?

Évoquer l'inexistant, se représenter sa propre non-existence, pas facile, presque absurde ou illogique. Et pourtant, ce paradoxe-là est à la source des processus d'abstraction, et participe ainsi à la genèse de la pensée. Parvenir à intégrer que le néant fait partie de l'être, c'est peut-être effectuer le grand saut dans l'humain. C'est en tous les cas une des fonctions de la philosophie que de nous y aider. On le voit bien ici, les questions des enfants sur leurs origines sont très fortement philosophiques.

Entre mémoire et anticipation, entre savoir et projection, on peut penser le passé et créer le futur.

Penser la préhistoire, oui, à condition d'en sortir.

En remontant le temps, l'enfant se donne les moyens, les cadres pour penser son absence. Mais il aura aussi besoin de se projeter dans l'avenir, et de préférence en futur héros, pour y trouver réparation, et réassurance. Balayer avec un dessin, un jeu ce gouffre existentiel lui permet de créer son temps intérieur, dans lequel il peut imaginer la possibilité d'une réversibilité.

Encore que ! Si on n'en revenait pas de ce temps primordial ! Et moi, si je veux grandir, comment je fais ?

Et le ciel, i' tient comment ?

« Parc' qu' d'abord, qui c'est qu'a décidé qu'y aurait un ciel, une terre, des océans... ? Les petits Chinois et les Africains, i' voient les mêmes étoiles que nous ? Et moi, pourquoi je suis là, tu sais toi ? »

Voilà nos chers enfants pas plus hauts que trois pommes plongés en pleine réflexion métaphysique.

« Et Dieu alors, i' pourrait me le dire s'il existe – à moi, rien qu'à moi. Promis, j' dirai rien aux copains. S'i' répond pas, je construirai une navette spatiale pour visiter le ciel. Tu crois qu'i' m' verra ? »

Plus rapides que l'éclair, les enfants n'ont pas leur pareil pour enjamber les siècles. En une brassée de secondes, ils découvrent que le temps, c'est aussi de l'évolution. Ils passent de la Préhistoire à la conquête spatiale, de l'âge de pierre à la guerre des étoiles ; et quittent sans vergogne leurs chers monstres disparus pour embarquer dans le vaisseau de *Star Wars*.

Qui sait ! Et si on y rencontre Dieu, ou Zeus siégeant dans l'Olympe, ou une quelconque matière en fusion ? Peu importe quoi, qui, pourvu qu'on sache ce qui fait tenir le ciel, ce qui est au principe de la vie... Et puis si on ne découvre rien ici, ce n'est pas grave. À la prochaine expédition on ira plus loin dans l'espace intergalactique. En découvrant le monde, inévitablement les enfants en cherchent le principe fondateur et organisateur.

Vous leur aviez pourtant expliqué plus ou moins clairement votre idée sur la question, mais non, rien à faire, ils ont envie d'aller voir par eux-mêmes.

Et c'est très bien ainsi. Cette énigme nourrit les plus tenaces appétits de savoir de l'humanité. C'est pour tenter de l'approcher que les philosophes philosophent, que les scientifiques scrutent l'infiniment petit et l'infiniment grand. De l'ADN aux nouvelles galaxies, de la physique nucléaire à l'embryologie, la recherche de l'origine de la vie est à l'origine de l'intelligence humaine, des progrès techniques. Dieu n'étant pas toujours au rendez-vous, les hommes poussent toujours plus loin l'horizon de leur savoir.

À l'échelle de vos enfants, avoir la tête dans les étoiles ou le nez sur le microscope, cela « booste » une saine curiosité. C'est un peu à la recherche d'eux-mêmes qu'ils partent.

S'ils ont une telle agilité pour passer d'une époque à une autre, d'un espace à un autre, mêlant quelquefois réalité, fiction, science-fiction, c'est qu'ils pressentent l'extraordinaire unité du vivant.

« C'est la même aventure qui se poursuit depuis 15 milliards d'années et qui unit l'univers, la vie, l'homme... la même évolution du big-bang à l'intelligence... les atomes, les molécules, les étoiles, les cellules, les êtres vivants... tous se succèdent dans une même chaîne, tous sont entraînés dans un même mouvement. Nous descendons des singes et des bactéries, mais aussi des astres et des galaxies. Les éléments qui composent notre corps sont ceux qui fondèrent l'univers. Nous sommes vraiment les enfants des étoiles[1]. »

En interrogeant les origines de la vie, ils découvrent qu'ils y sont totalement impliqués. Percevoir qu'on est la résultante de toute cette magnifique histoire, cela va redonner un peu de tonus à l'ego, et aidera l'enfant à se situer sur l'échelle spatio-temporelle, à forger ses repères existentiels.

Savoir que l'on fait partie de cette espèce de « fil-filière » de l'évolution a quelque chose de rassurant et permet de lutter contre les angoisses. Se sentir relié à une filiation cosmique inscrit l'enfant dans la grande aventure de l'humain. Ouf ! Il était temps, lui qui se sentait un peu seul, perdu.

L'enfant se trouve en se situant au cœur de ses multiples liens et appartenances, qui sont loin de se limiter à son contexte familial. L'appartenance à la famille d'aujourd'hui, aussi aimante soit-elle, ne suffit pas à inscrire l'enfant dans son histoire.

En élargissant ses perspectives de filiations, l'enfant tisse son humanité. Humain parmi les humains, il construit son rapport aux autres.

---

1. H. Reeves *et al.*, *La plus belle histoire du monde : Les secrets de nos origines,* Seuil, 1996.

« Mais alors, si on descend tous d'Adam et Ève, si on vit sous le même ciel, c'est qu'on est tous cousins-cousines. On est tous pareils ? Mais alors pourquoi on n'a pas tous la même couleur de peau, pourquoi il y a des musulmans, des juifs, des chrétiens, des hindouistes... »

Se sentir appartenir à quelque chose qui nous dépasse et pourtant auquel on participe, c'est peut-être cela l'expérience de la spiritualité, premier pas vers l'altérité.

Il faut pouvoir se reconnaître comme identique à l'autre pour pouvoir se différencier.

L'enfant va commencer sa propre aventure : se découvrir comme être unique parmi les milliards de personnes qui peuplent la terre. Poussière d'étoiles, oui mais s'il vous plaît, pas n'importe quelle poussière, ni n'importe quelle étoile !

Si la vie lui est donnée, il lui appartient de donner vie à sa singularité absolue, irréductible.

Évoquer les origines du monde, finalement, n'est-ce pas contracter en son nom propre un pacte avec la vie ?

La vie a beau être donnée, pour exister vraiment, être vivant avec passion ou avec sagesse, chacun doit décider pour lui-même de naître à soi-même ou de rester dans le chaos originel.

Embarqués dans le même navire que l'humanité tout entière, il lui incombe de créer *sa* place.

Et moi, dans tout ça ?

Mathieu, sept ans, est agressif à l'école, presque violent. Au cours des premières séances, il « explose » mon bureau. Il sort un jouet, puis un autre, il commence un dessin, puis un autre, il attrape à plusieurs reprises les aiguilles de mon réveil et il les remonte à l'envers. Renonçant à comprendre, je me laisse perdre dans ce chaos, je me contente d'y mettre quelques mots.

Mathieu raconte des histoires incompréhensibles. Elles se passent dans sa cour de récréation... il y a un soupirail... son entrée est secrète, connue seulement de ses copains et de lui. Ils y vont à chaque récré...

Ils pénètrent armés dans ces souterrains, qui se transforment au gré de l'histoire en océan, ou en espace intergalactique. Les sous-marins volent, les monstres préhistoriques planent, les avions visitent le centre de la terre. Bagarres sanglantes, morts.

À la fin de chaque histoire, Mathieu prend soin de préciser qu'il sort du soupirail, retourne en classe... comme si de rien n'était.

Dans ces récits à la frontière du réel et de la fiction, tout est dans tout, sans aucune différenciation de temps ni d'espace.

Quand je tente de clarifier : « C'est très intéressant ce que tu me racontes, mais c'est un rêve », il me répond, presque en colère : « Non, c'est vrai. »

Sans aucun doute, il m'invite à visiter avec lui sa *réalité totalement imprégnée du chaos originel.*

Je n'ai plus qu'à me laisser conduire, encore plus, dans son désordre. J'y vais finalement avec sérénité et confiance.

Je pressens en Mathieu tant de « bonnes choses », mais débordées, envahies par des angoisses encore indicibles, qu'il ne parvient à exprimer que par la violence. Il lui manque la possibilité de les « symboliser » de manière à les métaboliser.

L'espace thérapeutique lui propose un moment de pause pendant lequel ce travail interne peut s'effectuer, mais voudra-t-il s'en saisir ? Cette décision lui appartient.

Lui seul peut décider de sortir ou non du chaos de l'empreinte primordiale – fœtale, maternelle ?

Lui seul peut faire le chemin qui lui permet de sortir de la confusion-fusion qu'il vit sur le mode de la régression-agression, et dans lequel il est pour l'instant enfermé.

Je ne dois, en aucun cas, me substituer à sa décision, je ne peux pas choisir pour lui. Cela ne ferait que renforcer la confusion.

Par ma présence ferme, par l'attention que je lui porte, je l'invite à investir sa *place, c'est-à-dire* sa *vie. Je ne doute pas qu'il puisse advenir un espace d'ordre, un espace d'ordre intérieur d'autant plus structurant que Mathieu l'aura créé lui seul au sein d'une relation qui s'est contentée d'être étayante, rassurante, contenante.*

Ce qui me donne confiance, est-ce aussi cette référence symbolique ? En hébreu, « désordre » se dit aïn, *« je » se dit* ani *– mêmes lettres mais dans un autre ordre. Tout est là dans le chaos, et pour passer du chaos au je, il faut que chaque lettre trouve sa bonne place.*

Un jour, Mathieu arrive. Il regarde les aiguilles. Il les touche, ou plutôt il les caresse. Et, triomphal, il me dit : « Aujourd'hui, je suis maintenant. Oui, ben quoi je suis là. »

Inutile de vous dire à quel point cette phrase prit de l'épaisseur et de la profondeur pour moi : je suis là.

Enfin ! Il avait désormais décidé d'habiter sa *place, de prendre corps dans* son *espace personnel.*

Tout n'est pas gagné, mais un grand pas vient d'être franchi.

Parvenant mieux à définir ses limites personnelles, il peut d'ores et déjà respecter le corps des autres. Il devient moins agressif. Ses dessins plus structurés vont nous permettre d'amorcer une autre étape du travail.

Pour l'instant, arrêtons-nous là et tout en savourant les progrès de Mathieu, réfléchissons ensemble.

Mathieu nous permet de comprendre pourquoi les enfants sont particulièrement sensibles aux cosmogonies. Dans une correspondance indéfinissable mais que les enfants perçoivent au moins métaphoriquement, les récits évoquant la naissance du monde leur parlent aussi de leur naissance en tant qu'être humain. Les récits mythiques évoquent les différentes étapes, épreuves qui permettent à chacun d'advenir à sa subjectivité propre, c'est-à-dire au moment où chacun peut dire « je ». Les enfants reçoivent l'histoire du monde comme une invitation à grandir.

Qu'est-ce que racontent les récits de création du monde ?

La parole de Dieu, d'un démiurge a organisé le tohu-bohu originaire en séparant la lumière des ténèbres, le ciel de la terre... Le temps implique désormais un rythme, un cycle au monde – il y a le jour, il y a la nuit ; le passé ne peut se confondre avec le futur ; l'espace du haut est différent de celui du bas.

Voici les trois mots clés de l'acte créatif : logos, séparation, différenciation. Pour accéder à sa liberté et devenir lui-même, il incombe à chaque être humain de les reprendre à son compte. Si ce n'est pas facile de se séparer des figures parentales, il est encore plus difficile de séparer, donc de distinguer, d'organiser en soi toutes les informations perçues depuis la naissance : émotions, odeurs, peurs, images, etc.

Dès son plus jeune âge, la petite fille ou le petit garçon capte des milliards d'informations tous azimuts qu'il doit parvenir à intégrer. C'est un travail prodigieux. Essayez de vous mettre à la place d'un bébé, jusqu'à ses trois ans. Vous mesurez tout ce qu'il découvre ! Il a besoin de fournir un travail interne intense pour organiser toutes ces données. Mathieu a eu besoin d'un peu plus de temps que certains autres.

Heureusement, les enfants viennent au monde avec le pouvoir inné d'organiser toute cette profusion de données qui leur parviennent de manière désordonnée, éparse, fragmentaire[2].

Grâce à ce fabuleux pouvoir de configurer le monde, ils construisent petit à petit à l'intérieur d'eux une vision unifiée. Cette représentation toute personnelle leur permet de forger leurs propres repères internes, et leur évite de se sentir tout à fait perdus. Par là même, le monde perd de l'emprise sur eux, et les enfants gagnent en pouvoir sur lui. Cela contribue à leur donner un sentiment de sécurité appréciable et durable. Véritable capital à vie !

Cette aptitude, très sollicitée pendant l'enfance, s'ensommeille plus ou moins avec l'âge, mais elle est toujours là en chacun de nous, et on peut la remobiliser dans certains moments de lâcher prise et de rêverie. C'est d'ailleurs un des ressorts de l'hypnose[3].

Dans un mouvement incessant entre le dedans et le dehors, l'enfant forge sa représentation du monde, et ce faisant structure son espace intérieur. L'enfant crée ainsi son monde à lui, personnel, dans lequel il pourra naviguer à son gré et découvrir un potentiel immense et renouvelé à chaque rencontre avec les autres.

Ce travail d'organisation, qui ne passe pas forcément par la conscience, donne à l'enfant un sentiment de sécurité interne, le met en tous les cas en présence de ses ressources propres. C'est une base solide qui lui permettra d'aborder l'adolescence.

---

2. D. Stern, *Le monde interpersonnel du nourrisson*, PUF, 1997.
3. F. Roustang, *Qu'est-ce que l'hypnose ?* Éd. de Minuit, 1994.

Plus on est riche à l'intérieur, moins on a peur de l'extérieur, car on peut se réaliser sur de multiples plans.

Plus l'enfant intègre l'infini du monde, plus il donne de l'ampleur à son territoire intérieur. Mieux il peut s'y déplacer, plus ce territoire sera solide et constituera un point d'appui invulnérable pour affronter l'extérieur.

Cette élaboration se fait dans des moments où l'enfant donne l'impression qu'il ne fait rien, il rêve, il joue, il baye aux corneilles, il traîne... tout ce que nous avons du mal à supporter... et pourtant, c'est dans ces moments-là qu'il opère ce travail soutenu. Au moment où il donne l'impression d'être absent, il est présent de manière intensive à lui et à son environnement. C'est dans les moments où il se tait, où son silence quelquefois nous trouble, qu'il est le plus proche de *sa* parole intime.

En jouant, l'enfant fait l'expérience qu'il est à l'origine de son monde interne, à défaut d'être à l'origine du monde externe.

Comment les parents peuvent-ils accompagner tout cela ?

L'amour des origines ou l'origine de l'amour[4]

Papa, maman, vous vous aimiez quand je suis né(e) !

Nouvelle séance, avec Mathieu. Il entre, préoccupé : « Il faut que j'y retourne dans le souterrain », déclare-t-il. « Il y a des cadavres là-bas, les cadavres de mes frères. Je veux aller les chercher, je ne peux pas les laisser là-bas. »

Mathieu est fils unique d'un couple âgé d'une cinquantaine d'années.

4. Selon la jolie formule de B. Golse.

Nous échangeons peu de mots. Mathieu semble faire un travail intense en lui, sans avoir besoin de m'en parler. Organisation interne ?

À la fin de la séance, quand sa mère vient le chercher, il se précipite sur elle : « Vous vous aimiez quand vous m'avez fait, papa et toi ! »

C'était plus une affirmation qu'une question. Il avait besoin de certitude.

La mère émue, surprise par cette demande, y répond avec beaucoup de sincérité, finalement soulagée de parler de ce qui avait précédé la naissance de Mathieu.

« On a eu du mal à t'avoir. Maintenant, je peux te le dire. Avant toi, j'ai fait plusieurs fausses couches. »

Quand Mathieu parlait de ses frères morts, savait-il inconsciemment qu'avant lui des bébés n'avaient pas pu naître ?

La maman poursuit comme pour se justifier : « Avant de t'avoir, on a fait beaucoup la fête ton père et moi. Pour t'avoir, il a fallu qu'on change de mode de vie. On a réussi pour toi, parce qu'on voulait vraiment avoir un enfant. »

Un enfant existe bien avant sa naissance. Il a été pensé, rêvé, imaginé bien avant même sa conception. Il a besoin d'entendre une parole sur ce temps d'avant.

À la recherche de ses origines, l'enfant traque l'origine de l'amour.

Se sentir enfant de l'univers, oui ! Imaginer les parents heureux sans nous, soit ! Mais dites-moi que vous m'aimez et que c'est le nid douillet de votre amour qui m'a accueilli.

Très bien, tant que papa et maman s'entendent et vivent ensemble, mais quand ce schéma-là n'est pas au rendez-vous ?

Quand le couple est séparé, on peut encore rassurer l'enfant en lui disant qu'on s'aimait à sa naissance, qu'on l'a désiré à deux.

Mais si au contraire le couple n'a pas supporté l'arrivée de l'enfant, si l'annonce de la grossesse a fait fuir le père, l'enfant est alors le révélateur du désamour. Que lui dire ?

S'il est élevé par un seul de ses parents, et ne connaît pas l'autre, comment supporter l'idée couramment répandue qu'un enfant concrétise l'amour d'un père et d'une mère ?

Nous butons ici sur une représentation toute idéologique de la filiation. Le modèle traditionnel de nos sociétés occidentales pose le couple parental comme fondateur de la famille, des liens intrafamiliaux. Or, dans des situations de plus en plus nombreuses, le couple n'est plus nécessaire pour avoir un enfant et fonder une famille.

Le modèle auquel symboliquement on se réfère encore en Occident est de plus en plus éloigné de la réalité et la rend de ce fait plus difficile à vivre. Il est temps de se rendre à l'évidence. Cette représentation est loin d'être universelle même si elle continue à hanter notre psyché. Il nous a fait perdre de vue que « nulle part, dans aucune société, un homme et une femme ne suffisent à eux seuls pour faire un enfant, c'est-à-dire un être humain socialisé, intégré[5] ».

Dans tout groupe humain, les naissances ont pour fonction de perpétrer l'espèce et le groupe. Le bébé est attendu par le social, sa place est pensée par l'environnement culturel, politique. Il ne sera pas accueilli de la même manière dans tel ou tel pays, à telle ou telle époque.

5. M. Godelier, *Métamorphoses de la parenté*, Fayard, 2004.

C'est l'inscription dans une histoire familiale, sociale, culturelle, religieuse qui fait d'un enfant ce qu'il est ; c'est-à-dire une réalité qui déborde largement le seul couple parental.

On peut très bien s'épanouir, réussir sa vie quelle que soit la structure familiale dans laquelle on aura grandi.

La qualité des liens entre les individus est première et ne dépend pas de la structure en tant que telle, mais bien plutôt des modalités relationnelles, et interactionnelles.

Si la famille nucléaire perd du terrain, on ne peut plus dire que la famille en tant que telle disparaît ; elle se transforme comme tout ce qui est vivant.

Cette évolution nous donne l'occasion de réfléchir à ce qui constitue le lien parent-enfant, à partir de quoi il se crée, qu'est-ce qu'il entraîne comme droits et devoirs pour chacun.

C'est un enfant comme moi que tu voulais ?

Marie est une jeune mère célibataire d'une fillette de six ans. Tout va bien, mais elle a envie de faire le point. Je la reçois seule.

« J'ai refusé ma grossesse », explique-t-elle. « Je l'ai niée pendant plusieurs mois. Quand je suis allée voir une gynéco pour la première fois, il était trop tard pour avorter. Mais moi je ne voulais pas de l'enfant. C'était au-dessus de mes forces, je pensais qu'il me serait impossible de l'aimer, de l'élever. Je n'avais pas encore vingt ans, j'étais étudiante. Je suis "tombée" enceinte d'un homme que je n'ai jamais revu. C'est dingue, je suis sortie avec peu d'hommes, et là je ne me suis pas méfiée. Mes parents n'ont rien voulu savoir.

Alors j'ai fait des démarches pour accoucher sous X. J'étais toute seule pour tout. Je n'en pouvais plus.

Dès la naissance de ma fille, on nous a séparées. Sur le moment, je n'ai rien regretté, ni rien ressenti de particulier. Je suis rentrée chez moi, sans me poser de questions. J'avais encore un peu de temps devant moi avant que le délai légal ne soit écoulé.

Au bout de quelques jours, il s'est passé quelque chose que je n'arrive pas à m'expliquer. C'était plus fort que moi ; ça m'a surprise, bouleversée. Il fallait que j'aille voir "ma fille". C'était la première fois que je pouvais envisager que ce bébé que j'avais porté était mon *enfant.*

Au moment où j'ai pu me dire "ma fille", je me suis sentie mère.

Quand je l'ai prise dans mes bras, on s'est regardées ; j'ai ri, j'ai pleuré... Depuis, on ne se quitte plus... »

La filiation venait de s'instituer entre la mère et la fille, désormais indélébile parce que totalement choisie, complètement délibérée comme si Marie avait adopté sa propre fille, et comme si le bébé avait choisi cette femme pour mère.

Est-ce cela la filiation symbolique, la rencontre de deux visages qui se reconnaissent et s'instituent réciproquement dans leur humanité ?

Mère et fille se sont regardées. La mère est sortie du seul souci d'elle-même, elle s'est mise hors d'elle, pour aller vers l'autre. « Le visage, c'est l'identité même de l'être [...]. Le visage qui me regarde m'affirme. Reconnaître autrui, c'est croire en lui[6]. »

En tous les cas, c'est cette rupture de l'indifférence qui constitue l'essence de la rencontre humaine. Cette possibilité

6. E. LEVINAS, *Entre nous, op. cit.*

d'être l'un pour l'autre fonde l'événement éthique par excellence, et ouvre la voie de l'altérité.

Si de nos jours, avec les moyens contraceptifs, abortifs proposés, une femme garde un enfant apparemment non désiré, c'est qu'elle l'a décidé, quelque part au plus profond d'elle.

Que ce soit par raison religieuse, pour donner la vie, afin de poursuivre l'enchaînement des générations, pour l'enfant lui-même, pour elle-même, pour avoir quelqu'un à aimer... un peu tout cela en même temps, peu importe, mais à un moment, une femme qui poursuit sa grossesse a décidé d'être la mère de cet enfant, dans une zone encore inconnue d'elle.

Bien sûr la décision est confuse, pas assez de désir ou trop de désirs contradictoires, elle est plus inconsciente que limpide. L'important, pour sa dignité de femme et pour le respect de l'enfant, c'est de reconnaître l'existence de cette décision, la sentir dans ce qu'elle a de plus ambivalent ; et tenter quelque peu de l'identifier et de la nommer.

Cette décision est cruciale, décisive parce que fondatrice de la relation et de la filiation.

Ce ne sont pas les liens de sang qui établissent d'emblée la filiation, c'est la rencontre avec cet autre qu'on a envie d'aimer dans un mouvement irrépressible, et qui a envie de se lover dans cet amour.

Cette rencontre peut avoir lieu avant la conception même de l'enfant, pendant la grossesse, après. Le moment n'est jamais le même pour personne.

Ce moment-là est presque magique, il transfigure quelque chose en nous, il nous rend autre et différente. C'est ce moment-là qui fait naître symboliquement notre enfant, et qui déjà nous rend parent.

L'enfant a besoin d'entendre ce moment originaire qui l'inscrit dans le désir d'un autre, qui l'institue ainsi comme être humain, parce que d'emblée en lien. Inutile de lui raconter nos galères d'adultes, ni nos lamentos de culpabilité, cela ne le concerne pas. Il s'agit de notre vie, pas de la sienne.

C'est par le désir d'un autre que l'on naît, mais c'est aussi dans le désir d'un autre que l'on peut mourir.

Car la question que pose votre fille, votre fils, ce n'est pas seulement : « Est-ce que tu as désiré Un enfant ? », mais : « Est-ce que c'est un enfant comme *moi* que tu as désiré ? Moi et pas un autre. »

Devenir parent, aimer son enfant, c'est renoncer à l'enfant idéal, fantasmé, parfait que l'on attendait.

C'est lui signifier qu'il est insubstituable, irremplaçable.

« Même si ce n'est pas tout à fait toi que j'attendais, c'est de toi que je désire être la mère. »

L'enfant, pour accepter ce qu'il est, a besoin qu'on le rencontre dans *sa* réalité.

La naissance, c'est dangereux ?

« Il est sorti comment le bébé de ton ventre ? Par une petite porte ? » Anna, trois ans.

« Moi, c'est sûr, quand je serai grand, j'veux pas d'enfant. Oui, si j'aime ma femme, i' faut pas qu'elle meure. Un bébé ça peut tuer une maman. » Thomas, cinq ans.

« Maman m'a dit que ça faisait très mal les bébés quand ils sortaient du ventre. » Mathilde, six ans.

« J'ai vu un film à la télé, un accouchement, c'est berk tout ce sang... » Andréa, sept ans.

La naissance, *sa* naissance fascine, *sa* naissance fait peur.

Inscrite sans doute encore dans le corps de l'enfant, elle reste cependant inaccessible. Traces diffuses de la douleur du premier cri, du premier souffle. Mémoire indicible du passage du dedans au dehors, de la sortie vers l'air. Vertige devant la lumière. Étonnement, fatigue, curiosité, tant de choses sont vécues alors. À jamais indicibles, elles hantent cependant l'enfant longtemps encore après l'événement.

La psyché s'affole devant ce qu'elle ne peut nommer, et le fantasmatique prend le relais.

S'y mêlent la crainte d'avoir fait mal et le désir de blesser cette mère qui nous a porté et qui désormais s'éloigne. S'amalgament l'envie et la peur de vivre. Le besoin d'être accepté, la peur d'être rejeté.

Une mère, ça peut tuer son enfant, et un bébé ça peut tuer une maman ? Pour dépasser son fantasme d'avoir blessé sa mère, l'enfant a besoin d'être rassuré sur la force de sa mère et sur le plaisir, la joie qu'il lui a procurés.

« Le bébé qui a la chance de posséder une mère qui reconnaît le geste qui donne, est alors en position de faire quelque chose pour le trou que dans son imagination il a effectué dans le sein ou dans le corps de sa mère, dans un moment d'expression instinctive originelle. Alors viennent les mots de réparation et de restitution[7]... »

Les dessins, les jeux de Léa évoquaient un monde hostile, menaçant. Il y avait peu d'endroits où se reposer et où se sentir en sécurité.

Inquiète, elle posait sans cesse des questions sur la naissance, mais aucune des réponses ne semblaient l'apaiser. Que pressentait-elle qui la troublait tant que cela ?

---

7. D. W. Winnicott, « La position dépressive dans le développement affectif normal », in *De la pédiatrie à la psychanalyse*, Payot, 1969.

Une rencontre avec ses parents permit de mettre des mots sur les angoisses de Léa. La maman : « Ma grossesse fut difficile, dans un contexte douloureux pour moi. Ma mère était en train de mourir d'un cancer. Je suis la seule fille au milieu de deux frères... parce que maman... Oui, juste avant moi... maman... Je suis la petite dernière... juste avant moi, maman, elle a perdu une petite fille à la naissance. »

Léa portait encore en elle la trace de ce traumatisme familial et s'était fait le réceptacle des angoisses de la mère.

« J'étais très mal au moment de l'accouchement, tout cela est revenu, il a duré longtemps, avec des forceps, j'en ai bavé. »

Léa se mit à pleurer. Sa mère la prit sur ses genoux. « Mais tu sais, dès que le médecin t'a mis sur mon ventre, dès que j'ai senti ton petit cœur, la petite main dans la mienne, j'ai tout oublié. Tu étais tellement mignonne, que ta naissance ça a été le plus beau jour de ma vie. Tu me donnes tant de joies ! Depuis que tu es née, c'est un vrai cadeau ! »

Un sourire éclaira le visage de Léa. Elle venait d'entendre les paroles qui la réconciliaient avec la vie, avec ses origines.

Dans cet inextricable maillage entre les processus de mort et les processus de vie, ce qui rassure les enfants, c'est la confiance qu'on accorde à la vie. Et ils en sont les témoins.

Si malgré tout, malgré les risques, malgré les souffrances, mes parents m'ont mis au monde, c'est qu'ils savent que cela vaut la peine.

C'est à travers notre confiance dans la vie que l'enfant va forger sa propre confiance dans l'existence et considérer qu'elle vaut la peine d'être vécue.

Et toi, tu l'as eu facilement ton bébé ?

Il faudra s'y faire. Le « comment on fait les bébés ? » est de moins en moins en vogue. Les enfants sont informés avant même de poser la question. « Ben quoi, on les voit faire l'amour à la télé, et à l'école on nous explique tout ça. »

Ce qui ne veut pas dire que ce soit intégré clairement dans leur esprit, peut-être croient-ils, ou aimeraient-ils croire encore aux roses et aux choux, histoire de mettre un brin de poésie dans ce qui est un peu trop académique.

Les interrogations s'actualisent.

« Et toi, tu as des enfants ? » Question d'un enfant adressée à son « psy ». « Et tu les as eus facilement tes enfants, parce que ma maman à moi, elle ne peut pas faire un petit frère ou une petite sœur, ça vient pas. »

Bien entendu, les enfants sont imprégnés de ce qu'ils entendent tant à l'extérieur de la famille qu'à l'intérieur.

Ils sont au courant de la sexualité, pourquoi ne seraient-ils pas au courant des nouveaux modes de procréation, et des divers processus de filiation.

Comment leur en parler ?

2

« D'abord, t'es pas mon papa ! » ou la filiation en question

« Comme tout homme,
tu es fils du roman. »
E. M. Cioran

Mes vrais parents ?... Chut, c'est un secret

Camille a six ans. Depuis quelque temps elle est angoissée, elle dort mal. Au cours de la première consultation, dès qu'elle est seule avec moi, elle se confie rapidement comme pour se libérer d'un poids devenu trop lourd.

« Tu sais, il y a quelque chose qui me fait tout bizarre en ce moment, quand j'entends papa, ou maman, je me dis que c'est pas eux mes vrais parents. J'ai pas l'impression que je fais partie de cette famille.

Je ne l'ai dit à personne, je garde ça pour moi, parce que ça ferait de la peine à tout le monde que je pense ça. Mais j'en suis sûre, je ne suis pas leur fille. »

Inévitablement, la question des origines interroge les processus de filiation.

Quelle que soit l'origine de l'enfant, qu'il soit élevé par des parents biologiques, adoptifs, ou autre, le sentiment d'appartenance se construit en se déconstruisant à un moment donné.

Pour l'enfant, la filiation n'est pas une donnée intangible, immuable. Elle ne s'impose pas comme une évidence durable, ni comme une chose sacrée à laquelle il serait interdit de toucher. Au contraire, pour les enfants, la filiation, l'appartenance sont des objets à questionner. Dans un mouvement très spontané et très naturel, ils n'hésitent pas à la mettre en doute. Du haut de leurs cinq ou six ans, ils la contestent, la rejettent pour, en général, mieux y adhérer ensuite.

En parodiant Simone de Beauvoir, on pourrait dire : « On ne naît pas fils ou fille de ses parents, on le devient. »

Se sentir profondément – j'allais dire viscéralement – enfant de ses parents nécessite un cheminement bien particulier, et sans doute jamais réellement fini.

La filiation, ce n'est peut-être que la résultante d'un processus complexe d'affiliation, impliquant tout à la fois le biologique, l'affectif, le symbolique, le juridique, et bien d'autres choses encore.

Si vous le voulez bien, nous allons tenter de découvrir ensemble une infime et modeste part de ce processus qui prend des formes différentes tout au long de la vie.

Mais voilà que j'hésite à poursuivre ! Que dois-je vraiment révéler ? Nous allons, en effet, entrer sur les terres secrètes et intimes de votre enfant. Vous ne devriez rien savoir de ce qui suit. Peut-être vaudrait-il mieux cesser de lire...

Si vous cédez à la curiosité, promettez-moi, au moins, de rester d'une grande discrétion et d'oublier très vite ce que vous aurez lu.

« Il était une fois un petit garçon et une petite fille. Ils ressemblaient à tous les enfants du monde. Ils étaient très malins. Ils entendaient tout ce que disaient les grandes personnes. Un beau jour... ils décident de partir à la recherche de leur véritable famille... »

Freud a appelé « roman familial » cette fable étrange que l'enfant se raconte au cours de son développement et que l'adulte, généralement, a totalement oublié et refoulé.

Comme dans une rêverie éveillée, tout enfant se persuade que ses parents ne sont pas ses vrais parents. C'est l'âge où les petits mensonges ou arrangements avec la réalité peuvent déconcerter l'entourage.

« C'est ma grand-mère qui vient me chercher à l'école », déclare Sophie.

« Pas du tout, explique sa maman, ses deux grands-mères sont décédées, c'est sa nounou. »

« Mon père, il est policier, je le vois tous les week-ends », déclare Cyrille, dont les parents sont séparés depuis sa naissance, et dont le père vit à l'étranger.

À un moment de son histoire, l'enfant se forge, en y croyant dur comme fer, une nouvelle constellation familiale. Ce n'est pas par simple goût du mensonge qu'il en vient au roman familial. Il s'agit d'un processus constituant de son sentiment d'appartenance.

Cette construction imaginaire s'organise autour de plusieurs mouvements.

Le premier de ces mouvements lance le processus : *l'enfant tourne, littéralement, le dos à ses parents.* En quelque sorte, il décide qu'il ne veut plus de ses parents comme parents.

À partir de là, la relation à son père, à sa mère va se transformer de manière discrète mais tangible. Cela va permettre aussi à l'enfant de réguler ses désirs œdipiens.

Que se passe-t-il au juste ?

Petit, tout enfant idéalise son père et sa mère. Il les investit d'une puissance incommensurable par rapport à sa propre fragilité. Cette force le rassure, il se sent protégé. Pendant tout ce temps, il peut tranquillement s'identifier à eux, ce qui lui permet de se voir lui-même et se penser lui-même comme un enfant fort et merveilleux.

« L'apologiste bénéficie le premier des vertus supposées de son idéal : l'amour qu'il donne lui revient immédiatement, la gloire des siens rejaillit sur lui et le miroir grossissant de son admiration lui renvoie sur-le-champ, sa propre image magnifiée [1]. »

Dans cette relation d'admiration réciproque et quasi inconditionnelle, l'enfant construit une image de lui-même comme adossée à celle de ses parents.

Pratique mais un peu bancal ! Il vit dans une sorte de clôture narcissique où il ne tient sa puissance que de celle de ses parents.

Mais fiction que tout cela !

Les parents ne sont pas tout-puissants, l'enfant non plus ! La mère n'appartient pas tout entière à l'enfant, l'enfant n'appartient

1. M. Robert, *Roman des origines et origines du roman*, Gallimard, coll. « Tel », 1976.

pas tout entier à sa famille. Cette phase d'unisson est essentielle, mais il est tout aussi essentiel que l'enfant en sorte.

Ainsi bientôt, les idoles trébuchent, chutent de leur superbe piédestal.

Rassurez-vous, nul n'y échappe ! Votre fils ou votre fille trouvera toujours un événement déclencheur ! L'arrivée d'un petit frère ou d'une petite sœur viendra briser l'idylle parfaite dans laquelle chacun se confortait ; ou bien la comparaison avec d'autres parents ne sera plus en votre faveur, parce qu'il n'y a pas de Nintendo chez vous ; et puis, vos failles et vos fragilités apparaissent plus clairement à des enfants grandissant dont le jugement s'aiguise et perd de son indulgence.

Sans doute aussi, indépendamment des faits réels et objectifs, c'est peut-être avant tout la pulsion de croissance inhérente à l'enfant qui le conduit à tourner le dos à ses parents, pour aller vers de nouvelles découvertes.

Camille, quelques semaines après notre première rencontre m'annonce : « Mes parents vont divorcer. Mon père part pour une amoureuse. »

Avait-elle pressenti inconsciemment cela, alors même que sa mère n'avait rien vu venir ?

Camille ne veut plus se reconnaître comme la fille de ces parents-là ; elle a honte d'eux et ne veut plus d'eux comme père ni comme mère.

C'est une véritable blessure.

En devenant des parents « communs », « standards », en perdant ce qui faisait d'eux des êtres exceptionnels, ils deviennent méconnaissables, inacceptables comme parents. L'enfant ne peut les reconnaître comme ses parents. Ils ne sont pas assez dignes.

Se sentant trahi(e), le petit garçon ou la petite fille vont renier père et mère.

Et la chute est d'autant plus douloureuse pour les enfants qu'elle entraîne leur propre image d'eux-mêmes.

Il y a une véritable perte, perte narcissique, mais aussi perte de l'illusion de toute-puissance, de toute-appartenance.

Ce sont les premières assises existentielles de l'enfant qui s'écroulent. Et voilà votre petite fille ou votre petit garçon en pleine crise !

Sa mère, son père ne lui appartiennent pas, lui-même n'appartient pas vraiment à cette parenté. Son sentiment de filiation est comme suspendu, en tous les cas ébranlé.

Pour traverser cette crise, rien de tel que d'imaginer « ses vrais parents ». Ce sera le deuxième mouvement du roman familial.

Bientôt, la vérité éclatera au grand jour...

Si ces parents actuels sont si décevants, c'est – se dit l'enfant en lui-même – qu'ils sont littéralement des étrangers, des gens quelconques avec lesquels il n'a rien en commun.

Alors qui sont-ils ? Qui est-il, lui ?

Sûrement un enfant trouvé, ou adopté, peut-être même illégitime, auquel sa vraie famille, royale bien entendu ou noble, prestigieuse en tous les cas, se révélera avec éclat afin qu'il retrouve son rang.

Il avait bien raison quand il se sentait délaissé, moins aimé, mal loti ! Les gens qui l'ont recueilli sont indignes de lui, il est bien plus noble qu'eux, bien au-dessus d'eux à tous les niveaux. Et ses vrais parents l'ont abandonné pour une raison qu'il ignore encore.

Qu'à cela ne tienne, la vérité, la vraie, ne tardera pas à être révélée à tous.

L'enfant est finalement confronté à l'idée qu'aucune de ses deux parentés n'est plus fiable que l'autre.

Puisqu'on ne peut compter sur personne, il faut bien rebondir après ces cruelles déceptions.

« C'est ainsi qu'il en vient à se raconter des histoires, ou plutôt *une* histoire qui n'est rien d'autre en fait qu'un arrangement tendancieux de la sienne, une fable biographique conçue tout exprès pour expliquer l'inexplicable honte d'être mal né ; et qui lui donne encore le moyen de se plaindre, de se consoler, et de se venger, dans un même mouvement de l'imagination où on ne sait ce qui l'emporte en fin de compte de la pitié ou du reniement[2]. »

Bien évidemment, il sera *le* héros de cette histoire, c'est-à-dire quelqu'un qui ne devra rien à personne parce qu'il se sera fait en grande partie tout seul.

Cette position héroïque est une manière ingénieuse à la fois d'apaiser la blessure narcissique et à la fois de nourrir le mythe de l'auto-engendrement. « Je n'ai besoin de personne pour exister. Si mes origines sont aussi fabuleuses mais aussi nébuleuses, c'est peut-être que je me suis créé seul. Puisque je ne sais pas d'où je viens vraiment, je vais m'inventer les origines qui me conviennent... Je vais être à l'origine de ma propre origine. » C'est ainsi que votre enfant vit les choses, sans parvenir, évidemment, à les formuler aussi clairement.

Pendant ce temps-là, il se réveille, il dort, il va à l'école en écrivant dans sa tête cette fiction biographique, il élabore psychiquement un véritable morceau de littérature silencieuse.

---

2. M. Robert, *op. cit.*

Mais cela se déroule dans le plus grand secret, parce qu'il s'agit d'une affaire qui ne concerne que lui.

Nul autre que lui ne peut effectuer ces remaniements intérieurs.

Et puis à qui parler ? Les parents ont assez menti, et ils « criseraient » un peu trop s'ils se doutaient que leur enfant avait découvert ce qu'ils mettent tant de soin à cacher.

Alors, à chacun son secret. Les enfants avancent comme si de rien n'était, avec des mines réjouies de comploteurs faisant une bonne farce à tous ces traîtres d'adultes.

Et vous les papas et les mamans, même si vous repérez quelque chose, faites comme si vous n'aviez rien vu. Respectez l'intimité de ce travail interne.

Ne soyez surtout pas troublés par cette fable qui vous renie comme parents ! Toute réaction, toute intervention pourrait figer, ou ralentir un processus qui, en général, se termine favorablement et aussi discrètement qu'il a commencé.

Nous les adultes, on dit qu'on « ferait comme si » on ne savait rien !

Et ce texte non écrit, peut-être même composé sans mots, mais avec des images fortes, qui n'est pas destiné à un public, qui tombera d'ici quelques temps dans les arcanes archéologiques du sujet, n'en a pas moins l'intensité et le sens d'une authentique création. C'est ce qui le rend, pour le jeune héros, bien plus stimulant que morbide, bien plus joyeux qu'accablant.

Et que crée votre enfant ?

J'ai envie de dire, en premier lieu, de la complexité. Il introduit dans ses représentations familiales et de lui-même de l'ambiguïté, des contradictions, à partir desquelles il va véritablement mettre en œuvre une liberté ontologique.

Il appartient à une famille sans y appartenir vraiment. Il est élevé humblement alors qu'il est d'origine noble. Il est là, mais il pourrait être ailleurs. Mille vies s'offrent à lui depuis qu'il imagine avoir d'autres origines que celles qui sont officielles. Il peut se projeter dans des quantités de scénarios possibles.

En forgeant en lui son « groupe familial interne », il ouvre, en quelque sorte, l'« offre identificatoire », il enrichit ses représentations, qui ne sont plus figées sur un mode univoque, uniforme. Par là même, il construit son monde intérieur, il habite son espace intime, se déplace à l'intérieur de lui-même.

C'est ainsi que l'enfant se risque à son individuation, à sa différenciation.

Il fait l'expérience des deux réalités, celle du monde externe et celle de son monde interne, deux réalités qui se chevauchent quelquefois, qui s'opposent le plus souvent et qu'il faudra apprendre à articuler l'une à l'autre. Deux réalités qui loin d'être clivées sont reliées, tout en étant distinctes. Mais il n'en est pas encore tout à fait là.

Le roman familial permet à l'enfant d'accéder à une première forme d'autonomie existentielle. L'origine ne constitue pas une destinée irréversible. La naissance ne nous enferme pas dans un destin insurmontable.

On peut naître « mal », être mal accueilli, mal traité au début de la vie, mais toujours une rencontre peut renverser la situation.

La résilience est une réalité présente et active tout au long de l'existence, et le roman familial prépare l'enfant à en être un récipiendaire potentiel. Il est prêt à accueillir un meilleur destin que le sien propre.

Ainsi donc le roman familial offre à l'enfant la possibilité de repenser la réalité qui s'impose à lui, le futur reste toujours à construire, l'imaginaire étant une des clés fondatrices d'une histoire toujours à anticiper et à créer.

Avec le roman familial, l'enfant devient littéralement l'artisan de son sentiment d'appartenance et de filiation. Ce n'est pas seulement une affaire de naissance. Il devient actif en participant à sa construction, cela devient aussi *son* affaire à lui.

Mais dans un effet de balancier, cette appropriation n'a pu éviter jusqu'à présent des positions extrêmes et du coup peu confortables.

Passant d'une illusion de toute appartenance (premier moment) à l'illusion d'auto-engendrement (deuxième moment), l'enfant devra attendre, et atteindre le troisième acte du roman familial, pour « adopter » sa famille, ses parents, sa fratrie.

La capacité de « revenir » de ses illusions, après les avoir nourries, est une condition de progrès et de santé mentale.

Le troisième mouvement du roman familial va permettre à l'enfant d'amorcer l'indispensable sortie.

Le roman familial est un processus secret et discret, certes, mais, pour autant, absolument pas vécu dans la solitude. Loin s'en faut !

L'enfant n'est jamais tout à fait seul dans ce travail d'élaboration. Les contes, les fables, certains livres, les films fantastiques résonnent comme d'authentiques échos aux conflits et réaménagements intérieurs de l'enfant. Ils parlent à l'inconscient de l'enfant, et celui-ci les reçoit cinq sur cinq.

Tous des vilains petits canards ?

Par un beau jour d'été, une maman cane s'installe dans la campagne pour couver ses œufs. Le premier éclôt, puis le deuxième. « Quels merveilleux canetons ! », s'exclame le papa canard, très fier. Mais un troisième tarde, la maman se remet à le couver en soupirant. Il finit par éclore à la fin de la journée. Mais quelle déception, il est si laid ! Le papa ne lui adresse aucun signe d'affection.

Une vieille cane qui passait par là le compare à une dinde. Une autre s'approche de lui et le frappe au bec. La maman le défend mais elle est si malheureuse.

La famille au grand complet se prépare pour aller rendre hommage à la cane à la collerette majestueuse. Mais quand le vilain petit canard s'incline devant elle, elle le rejette : « Tu es trop laid. »

Agacée, la maman cane en vient à souhaiter la disparition de ce bébé.

Se sentant à ce point rejeté, voulant épargner à ses parents la honte qu'il leur inflige, le vilain petit canard décide de partir, et de quitter cette famille qui ne veut pas de lui, qui ne le reconnaît pas comme l'un des siens.

Après bien des mésaventures, le vilain petit canard se réfugie près d'un lac.

Seul, il essaie de se consoler, il se regarde dans l'eau, mais le reflet de sa propre image ne le rassure pas davantage, au contraire. Ses plumes sont grises par-ci, blanches par-là, elles ne ressemblent à rien.

On connaît la suite. Bientôt il sera accueilli par sa nouvelle famille : « C'est le plus beau de tous les cygnes ! » s'exclame-t-elle à l'unisson. Et il se reconnaît cygne parmi ceux qu'il va désormais considérer comme « les siens ».

Si les contes fascinent toujours autant petits et grands, c'est qu'ils rendent intelligibles et transmissibles les conflits intérieurs.

Véritables métaphores, ils proposent une mise en forme des fantasmes et angoisses diverses qui habitent l'être humain. Ils aident les enfants à organiser ce chaos intérieur en en devenant acteur.

Le héros des contes subit dans un premier temps des épreuves terribles, mais il en sort vainqueur. Le « Petit Poucet », par exemple, arrive à vaincre par sa malice et son opiniâtreté la peur de l'abandon et de la dévoration. Mal aimé au début du conte, il devient le sauveur de la famille.

L'histoire du vilain petit canard illustre bien le déroulé du roman familial.

On y retrouve le premier mouvement, quand il tourne le dos à la famille qui le voit naître.

Mais à ceci près, et ce n'est pas rien, que le caneton n'a jamais connu, avec la famille canard, le doux et chaleureux moment de « clôture narcissique ». Au contraire, ce fut avant même sa naissance déjà de l'exaspération chez la maman cane. Il ne découvre à ses premières heures qu'un grand vide, un grand froid affectif.

Il quitte une mère qui ne lui a pas permis de vivre un attachement précoce sécurisant.

Il n'y a pas eu rencontre éthique, reconnaissance du visage de l'Autre, qui institue la responsabilité, l'altérité.

Il y a comme un abandon réciproque.

Le « vilain petit canard » perd une mère qui ne l'a jamais reçu comme *son* enfant. Aucun lien affectif, symbolique n'a été établi entre le vilain petit canard et la famille canard.

Tous les regards qu'il rencontre sont rejetants. Or on connaît bien l'importance du regard parental pour la construction d'un enfant, il est comme un miroir qui permet à l'enfant de se sentir réel. Pour le vilain petit canard, rien de tel.

Un enfant se vide de sa substance quand la mère et son entourage ne lui renvoient qu'une image vide de lui-même. « Si le visage maternel demeure sans réponse, alors le miroir se constitue comme une chose que l'on peut regarder mais dans laquelle on ne peut pas se voir[3]. »

---

3. D. W. Winnicott, *Jeu et réalité*, Gallimard, NRF, 1971.

Refusant de rester dans une position de victime, le vilain petit canard préfère affronter l'épreuve de la solitude plutôt que de subir l'exclusion.

Dans un geste aussi vital que courageux, il quitte cette « non-famille ». C'est un acte qui le pose comme vivant.

Mais la question demeure : de qui est-il l'enfant ?

Deuxième mouvement, celui de l'auto-engendrement. Le vilain petit canard se regarde dans l'eau. Ses plumes n'ont aucune allure, elles font de lui un être hybride, indéfinissable, qui ne ressemble à nul autre. Il ne sait plus qui il est, canard, oie, dindon.

Serait-il enfant de personne ? De lui-même ? Son propre regard va-t-il lui suffire pour exister ? Dur, dur, car on ne peut grandir qu'en se sentant être le fils, la fille de quelqu'un.

Ayant sans doute lu le mythe de Narcisse, il ne peut se contenter de son propre reflet dans l'eau. Il connaît le danger mortifère de sa propre image se miroitant dans les ondes. Il ne veut pas être englouti dans ce terrible enfermement.

Il repart en chemin.

Troisième mouvement. Alors qu'il n'attend plus rien de rien, qu'il traverse les affres de la désespérance, une rencontre va sceller de manière désormais durable, et, on peut supposer, de manière irrévocable, son appartenance et sa filiation.

Cette rencontre, qui va avoir un effet magique sur lui, signe sa nouvelle origine. Elle constitue peut-être son authentique naissance, sa naissance ontologique, en tant qu'être vivant, accueilli comme tel. Elle le fait exister, elle lui donne une identité, elle lui donne une appartenance.

Cette rencontre le sauve parce qu'elle le place dans une

interaction fondatrice. Il aura suffi d'un regard, mais d'un regard plein et réciproque.

Ce regard le rend cygne. Ses nouveaux parents ont vu en lui la noblesse et vont le rendre digne de cette noblesse.

La voilà bien sa nouvelle famille ! Sa filiation s'impose d'emblée comme une évidence après l'errance.

On ne sait pas s'il est vraiment cygne, mais peu importe. Peu importe, pourrait-on dire, la « vérité » biologique.

Ses parents sont ceux qui ont vu en l'enfant son côté « noble », sans se soucier d'où il venait, de qui il était né, qui l'avait couvé. Dès qu'ils l'ont vu, ils l'ont accepté comme il était, et ils ont cru en lui. Ils n'ont pas douté une seconde que ce drôle d'animal allait devenir majestueux, grandiose. Accepté dans sa singularité la plus absolue, il sait qu'il est ici avec les siens.

Le regard parental qui fonde l'enfant, c'est le regard qui permet à l'enfant de s'aimer soi-même, qui lui donne envie de s'affilier non seulement à une famille mais à la vie, dans son foisonnement.

Du coup, inutile de continuer à gamberger. L'ex-vilain petit canard, qui se perçoit désormais comme un cygne, sait que cette famille, et rien que cette famille, est la sienne. Pour avoir eu du mal à la trouver, il sait qu'elle est unique à défaut d'être exceptionnelle.

Quand un enfant se sent unique dans une famille unique, que ce soit dans une filiation naturelle ou adoptive, plus besoin de roman familial !

Alors me direz vous, pourquoi un tel détour pour sceller son appartenance ?

À un stade de son développement, l'enfant, mais peut-être tout individu, a besoin de refuser ce qui existe – bon ou mauvais – pour le recréer, et pouvoir s'y inscrire autrement.

C'est parce qu'il vous aura quitté symboliquement, qu'il vous aura renié, qu'il pourra se sentir durablement et viscéralement affilié. Il faut s'imaginer pouvoir vivre sans famille pour pouvoir vivre et supporter ensuite les affres, les rigueurs, comme les joies, les saveurs de la vie familiale.

Les enfants auraient-ils lu Nietzsche ? Ainsi en effet parlait Zarathoustra : « À présent, je vous ordonne de me perdre et de vous trouver vous-mêmes ; et ce n'est que lorsque vous m'aurez tous renié que je reviendrai parmi vous [...]. Je vous aimerai d'un autre amour [...]. Vous serez de nouveau les enfants d'une seule espérance. »

Dans cette expérience de la dépossession, l'amour perd sa dangerosité. Il faut se perdre sans cesse pour se redécouvrir dans l'épiphanie de nouvelles figures.

Il faut que l'enfant perde « symboliquement » sa famille d'origine pour y revenir autrement, dans une nouvelle position, plus actrice, plus motrice et plus investie. « On n'investit que ce qu'on invente, et l'on n'invente que ce qui existe déjà[4]. »

Tout cela est bien paradoxal, allez-vous penser ! Oui, en effet. Mais n'est-ce pas le paradoxe même qui fait la richesse de la vie ?

En fait, avec le roman familial, l'enfant de cinq, six ans ne fait que créer la famille dans laquelle il vit. Il pense créer une famille, mais ce qu'il crée existait déjà.

Étonnant pour nous les adultes, mais l'enfant connaît bien ce processus depuis son plus jeune âge. « Le bébé crée l'objet,

4. P.-C. RACAMIER, *Le génie des origines*, Payot, 1992.

mais l'objet était déjà là, en attendant d'être créé, et de devenir investi[5]. »

Cette réalité « créée-trouvée » apparaît souveraine, parce que remaniée par le monde interne de l'enfant. Elle paraît ainsi plus facilement supportable, mieux ajustée à ses désirs, à ses besoins.

« L'être que j'attends n'est pas réel. Tel le sein de la mère pour le nourrisson. Je le crée et je le recrée sans cesse à partir de ma capacité d'aimer, à partir du besoin que j'ai de lui [...]. L'autre vient où je l'attends, là où je l'ai créé [...]. L'attente est désir[6]. »

Bien entendu, aux yeux de l'enfant cette famille trouvée-créée n'est pas la même que celle d'avant son roman familial. Cette dernière n'était pas très intéressante, elle s'imposait sans lui avoir demandé son avis. Celle qu'il crée respecte ses besoins, elle est véritablement la sienne propre puisqu'elle est *son* œuvre.

Ce détour lui permet non seulement de changer de représentation, mais aussi de position par rapport à la famille et par rapport à la vie.

Il accède d'une manière essentielle à une position de sujet, de sujet de son histoire malgré tous les déterminismes de son origine.

Le roman familial est un acte tout à fait personnel qui rend l'enfant auteur, co-auteur de son existence. Il en devient co-producteur, et évite par là deux écueils.

5. D. W. WINNICOTT, *op. cit.*
6. D. W. WINNICOTT, *op. cit.*

Si l'enfant percevait sa vie propre comme exclusivement redevable aux parents, sa naissance seulement inscrite dans leurs désirs à eux, son image de soi risquerait de rester fragile et dépendante.

S'il se maintenait dans le délire de l'autofondation, s'il ne sortait pas de la position de héros, sa santé mentale serait perturbée.

Le roman familial place l'enfant dans une dynamique vivante par rapport à la question des origines.

« Il se sent doté d'une vie qui lui est propre mais qui ne lui revient pas tout entière, fruit d'une co-production conjointe signée par ses parents et lui-même [...] [7] »

Cela l'inscrit dans la capacité à penser ses origines, c'est-à-dire à se situer dans cette dialectique où il se perçoit comme « auteur de sa vie, enfant des auteurs de ses jours [8] ».

Ainsi à la question « Comment parler à un enfant de ses origines ? », on pourrait suggérer aux parents de laisser leurs enfants *se* raconter à eux-mêmes la romance originaire. C'est pour eux une manière de se situer dans la vie, d'y trouver leur place.

Le conte du vilain petit canard est tout à fait éclairant pour la filiation adoptive. Tous les spécialistes de l'enfant sont d'accord pour estimer que les enfants adoptés traversent également la phase du roman familial. Justement, quand la réalité de l'abandon rencontre le fantasme et l'angoisse la plus profonde des petits, comment les processus d'affiliation se mettent-ils en place ?

---

7. P.-C. Racamier, *op. cit.*
8. P.-C. Racamier, *op. cit.*

3

« Tu la connais ma maman de naissance ? » demande M. à sa mère adoptive

Dans « abandon », il y a le mot « don ». Tu l'entends toi aussi ?

Un jour, un petit garçon me parle de son adoption. Au détour d'une phrase il me demande à brûle-pourpoint : « Tu savais que dans le mot aban-don, il y avait le mot "don" ? »

Devant ma surprise évidente, il voulut s'assurer : « Mais tu l'entends toi aussi ? »

À cet enfant, qui me révéla ce que bien des livres ne m'avaient pas encore appris, je voudrais dédier ce poème.

Il était une fois deux femmes,
Qui ne s'étaient jamais rencontrées.
L'une dont tu ne te souviens pas.
L'autre que tu appelles « Maman ».

Deux vies différentes,
Dans l'accomplissement d'une seule,

La tienne.
L'une fut ta bonne étoile.
L'autre est ton soleil.

La première te donna la vie.
La seconde t'apprit comment la vivre.
La première créa en toi le besoin d'amour.
La seconde fut là pour le combler.

L'une te donna des racines.
L'autre t'offrit son nom.
La première te transmit ses dons.
La seconde te proposa un but.

L'une fit naître en toi l'émotion.
L'autre calma tes angoisses.
L'une reçut ton premier sourire.
L'autre sécha tes larmes.
L'une t'offrit en adoption.
C'est tout ce qu'elle pouvait
Faire pour toi.
L'autre pria pour avoir un enfant
Et elle fut menée vers toi.

Et maintenant, quand en pleurant
Tu me poses l'éternelle question,
Héritage et éducation,
De qui suis-je le fruit ?

Ni de l'un, ni de l'autre, mon enfant.
Tout simplement,

De deux formes différentes
De l'amour[1].

Ces mots tout simples parlent « juste et vrai ». Combien d'enfants aimeraient les entendre !

Et si la poésie était une des voies (voix ?) princeps pour parler de l'origine ?

N'en doutez pas, voilà, à peine voilée, une invitation à devenir poète...

Tout est dit dans ce poème : l'interrogation taraudante de l'enfant, sa difficulté à se situer, ses conflits de loyautés. Sans galvauder la complexité des origines de l'enfant adopté, il apporte des réponses, il ouvre des perspectives.

Distinguant, sans les confondre, les différents niveaux d'origines qui préludent à cette forme de filiation, il offre la possibilité d'établir des liens, des ponts entre eux.

Rendant tangible cette fameuse part du don dans l'aban-don, il jette les bases d'une nouvelle grille de lecture bien plus respectueuse de la position des mères qui décident de ne pas élever leur enfant. Cette représentation, encore trop rare, a pourtant l'avantage de contribuer à la construction de l'estime de soi de l'enfant.

Origines complexes de l'enfant adopté ? Sans aucun doute, car il est inscrit, d'emblée, dans un double réseau de dons et de pertes.

La filiation adoptive place l'enfant au cœur de deux dons successifs : une mère lui donne la vie, ses parents adoptifs lui donnent la possibilité de devenir vivant, c'est-à-dire désirant.

---

1. Auteur philippin inconnu, in *L'adoption, une aventure familiale*, ouvrage collectif, sous la direction de B. Camdessus, ESF, Paris, 1995.

Ces gestes fondateurs demeurent imbriqués à des manques irréductibles : la mère qui l'a fait naître ne le verra pas grandir. Ses parents adoptifs lui donnent une existence sans avoir pu lui donner la vie. La générosité s'associe au renoncement, la douleur à l'espérance.

La filiation adoptive s'organise également autour d'un double vécu de discontinuité.

Quand les parents ont adopté un enfant en raison de la stérilité du couple, ils ont pu avoir le sentiment que quelque chose s'interrompait. Ils se sentent trahis par leur corps, leur enfant ne naîtra pas de leur sexualité. La filiation ne passe pas par une transmission génétique.

Pour l'enfant, l'adoption plénière opère une césure radicale. Le juridique organise ni plus ni moins la substitution d'une filiation par une autre. L'acte de naissance originaire est en effet détruit. L'état civil de l'enfant est modifié, et les liens de sang rétroactivement effacés.

Aux yeux du tiers social, l'enfant change donc d'identité.

Il y a création d'un nouvel acte de naissance, mentionnant entre autres ses prénoms tels qu'ils résultent du jugement d'adoption, car les parents peuvent changer le prénom de l'enfant. Juridiquement la vie de l'enfant est coupée en deux. L'enfant cesse officiellement d'appartenir à sa famille de naissance.

L'adoption devient un principe fondateur de descendance en complète égalité juridique avec une descendance engendrée par le couple.

Très bien ! Mais tout le travail psychique reste à faire.

J'me rappelle jamais de rien

Maya est en CE2. Elle a un trouble de l'attention. Elle n'arrive pas à se concentrer, et ne retient rien de ce qu'elle apprend pourtant scrupuleusement. Elle lit une chose, la comprend et malgré tout l'oublie aussi vite, comme si elle ne pouvait rien fixer.

Ses apprentissages scolaires en pâtissent. Elle déteste l'histoire et toutes ces dates dont il faut se rappeler. Souvent elle confond tout et elle a honte de ne plus savoir situer les rois de France, la Révolution, l'Amérique latine, son pays d'origine.

Elle donne l'impression que tout glisse sur elle. Son père lui reproche de ne pas assez s'investir, de rester à la surface des choses.

Elle ne demanderait pas mieux de faire autrement, mais c'est plus fort qu'elle.

Une grande confusion règne dans sa tête. Elle semble perdue dans ses repères spatio-temporels et dans ses ancrages identitaires.

Ces problèmes de mémoire et d'oubli vont bien au-delà d'une simple difficulté scolaire.

Aujourd'hui, on ne cache généralement plus à un enfant son adoption. Mais cela suffit-il à éviter les « trous de mémoire » ?

Un travail de mémoire est constamment à l'œuvre chez un individu. Il tisse sa conscience d'exister, son sentiment de permanence. La continuité psychique s'élabore quand l'écho du passé subsiste dans le présent de la conscience. Bien que je change, je me reconnais dans mon identité, parce que je me souviens de qui j'étais, et que d'autres attestent de ce que je fus.

« Toute conscience est mémoire, conservation et accumulation du passé dans le présent[2]. »

Pour qu'il y ait mémoire, il est indispensable que le passé soit reconnu comme tel. Mais souvent, William Faulkner le dit bien : « Le passé n'est jamais mort. Il n'est même pas passé. » Quelquefois une parole manque permettant de rendre le passé au passé.

Les souvenirs participent à ce travail, ils permettent de marquer une date, une époque, et organisent le rapport aux temps de l'existence.

De quoi un enfant adopté a-t-il envie de se souvenir ? Qu'est-ce qu'il a besoin d'oublier ? Qu'est-ce que ses parents l'autorisent ou non à retenir ?

Dans sa genèse, deux moments prédominent : celui de sa naissance et celui de son arrivée dans sa famille adoptive. L'un signe son origine biologique, l'autre son origine familiale. Entre ces deux instants, il aura vécu un certain nombre d'événements.

À sa naissance il a été accueilli par des bras qu'il ne reverra plus, il a été bercé par des chansons qu'il n'écoutera peut-être plus, il a entendu une langue qu'il n'aura sans doute pas eu le temps d'apprendre. C'est toute une culture spécifique qui l'entoure ; elle porte en elle sa propre représentation de la place de l'enfant. Les gestes qui préludent à la naissance sont inscrits dans un patrimoine de traditions immémoriales.

Mais qui peut témoigner de ces temps primordiaux ? Qui peut les lui restituer, lui en faire le récit ? Et ce n'est pas ce qu'il trouvera dans son dossier administratif qui lui permettra d'accéder à l'épaisseur de ce vécu !

---

2. H. BERGSON, *Matière et mémoire. Essai sur la relation du corps à l'esprit*, in *Œuvres*, PUF, 1963.

Les parents présents aujourd'hui n'étaient pas là hier, les adultes présents hier se sont absentés.

La naissance de l'enfant, la genèse de son histoire restent des événements étrangers, difficilement intégrables pour lui et pour ses parents.

C'est toujours à travers le discours constituant d'un autre que l'on peut accéder à ces temps originels, que l'on peut se les représenter. L'altérité fonde la conscience de l'origine.

Or ici, quelle que soit la bonne volonté de la famille, toute une partie des origines de l'enfant demeure inconnaissable, parce que fondamentalement inaccessible.

Son corps a emmagasiné tout un ensemble de sensations, d'émotions mais personne ne peut l'aider à y mettre des mots.

Ce vécu l'habite comme une petite musique de fond. Mais cette mémoire est de l'ordre du sensible. Elle échappe à l'intelligible et ne peut se constituer en souvenirs. Elle risque de hanter l'enfant, ballotté entre oubli impossible et mémoire improbable.

La petite fille, le petit garçon peuvent en vouloir à leurs parents de ne pas les aider à se représenter leurs temps primordiaux, ce qui leur permettrait d'y mettre de l'ordre, de les organiser, de les dater.

Il n'en faut pas davantage pour que la culpabilité galopante des parents s'anime et vienne répondre, comme dans un écho amplificateur, à cette déception infantile.

Bien des questions flottent dans la fantasmatique familiale. « Qui est la mère biologique ? Et le père ? Quelle est leur histoire ? Vivent-ils encore ? Où ? Comment ? Qu'est-ce que l'enfant porte en lui de cette histoire ? Quelles conséquences cela peut-il avoir sur son développement ?... » Mais qui peut prétendre apporter des réponses satisfaisantes ?

Ce n'est pas tant ce « vide de savoir » qui est problématique, mais la manière dont chacun va le supporter, le combler, s'en défendre. Chacun ira de ses projections les plus fantasques.

L'inconscient familial va se gorger de toutes ces zones obscures. Il va s'étoffer dans tous ces dédales. À l'insu de l'amour le plus sincère, de la générosité la plus tendre, peuvent se mettre en place des relations blessantes et douloureuses.

Autour de ce faisceau d'énigmes va s'organiser – de manière implicite – une bonne part des relations intrafamiliales.

En effet, il renvoie les parents à leur propre difficulté à clarifier leur vécu de mère et de père adoptifs.

Il y a comme une collusion de souffrances mal élaborées qui se répondent en écho entre les différentes générations.

Avant de se demander ce que l'on peut dire à un enfant de ses origines, tentons de débusquer comment l'inconscient familial en parle. Que met-on en place à notre insu quelquefois ?

Cette origine absente est pour le moins chargée d'ambivalence pour les parents. C'est tour à tour le lieu magique de la naissance de leur enfant et le spectre d'un héritage menaçant.

C'est par un abandon que cet enfant est devenu leur fils ou leur fille, c'est par cet abandon qu'ils risquent de ne pas se sentir père et mère à part entière.

Tantôt, ils aimeraient purement et simplement éliminer cette origine extérieure à eux, par exemple en tuant psychiquement la mère biologique. Elle est bien dérangeante, cette femme qui a « su » faire un bébé.

Tantôt, devant les difficultés de l'enfant, il est bien commode de recourir au « c'est la faute à son origine ». Elle constitue une causalité explicative si facile !

Dans le même temps, les parents peuvent se référer à l'origine de l'enfant et la dénier.

Plus que de l'ambivalence, les parents risquent, quelquefois, d'envoyer à l'enfant un message sous forme de double lien, en le plaçant devant deux injonctions contraires et impossibles à tenir en même temps : « Ton passé mérite qu'on s'en souvienne, mais surtout oublie tout de ce qui a existé avant nous. »

Alors, il vaut mieux comme Maya refouler tout en bloc. Et le passé, et le présent, et l'avenir.

L'oubli est une forme de défense psychique qui mérite d'être reconnue. Il peut avoir une fonction « cachée » dans le jeu relationnel familial.

J'suis nulle

Maya est une ravissante petite fille, mais elle a une bien piètre image d'elle-même. Quelquefois, elle se demande presque si elle a le droit d'exister. Elle voit bien qu'elle donne du tracas à ses parents. Et, se dit-elle, si sa mère de naissance n'a pas voulu d'elle, c'est qu'elle ne mérite pas qu'on l'aime. Elle ne peut être aimable. À ses propres yeux, elle a peu de valeur.

Maya a l'impression d'être née au mauvais endroit, au mauvais moment, d'une mère mauvaise. Elle pense souvent que le malheur lui colle à la peau, et qu'elle ne peut rendre les gens heureux autour d'elle, même si elle les aime de tout son cœur.

À cette image dépréciée d'elle-même, répond comme dans un miroir grossissant le peu de confiance en soi de ses parents. Sa disqualification se heurte aux doutes de sa mère et de son père.

Le passé des enfants pose problème dans les familles adoptives, mais celui des parents n'est pas en reste. Ces derniers ont beaucoup de mal à parler de ce qu'ils ont vécu avant l'arrivée de l'enfant, non seulement à lui, mais aussi en consultation.

Et si les parents semblent se préoccuper de manière particulièrement importante de l'avenir, de la réussite scolaire, c'est peut-être « une façon de réguler leur incapacité à avoir une prise sur un passé qui leur échappe complètement. À la limite, on se préoccupe de l'avenir faute de pouvoir maîtriser le passé.

Du coup l'enfant pressent bien que le réel souci, c'est plus le passé que son avenir, et on peut s'attendre à ce qu'il mette en échec les parents pour voir s'ils peuvent lui offrir leur passé avec leurs traditions et leurs valeurs pour mieux construire son avenir.

Paradoxalement, se préoccuper de l'avenir, c'est rappeler le passé de l'abandon, d'enfant traumatisé dans sa famille d'origine. En fait, il semble que dans ces familles, si on parle d'avenir, on ne parle pas vraiment du futur mais davantage de la *peur de l'avenir* et si l'on parle du passé, le passé réel n'est pas en jeu, mais la *peur d'affronter le passé*[3]. »

Père et mère passent sous silence les moments de découragement, les galères franchies, les doutes... qui comme par enchantement se dissolvent dès que leur petit bout de chou est dans leurs bras.

Ils ont envie d'un bébé tout neuf, pour repartir de zéro. Chargent-ils alors le nouvel arrivant de gommer leurs souvenirs à eux, d'effacer leur passé de couple stérile ?

Cela se comprend évidemment, et ces instants de répit sont les bienvenus pour tous. Mais cette antériorité souvent sombre n'en demeure pas moins présente et agissante dans le clair-obscur de leur psyché.

---

3. B. Prieur, in B. Camdessus (sous la dir. de), *L'adoption, une aventure familiale*, ESF, 1995.

Peut-être ont-ils du mal à intégrer les antécédents de l'enfant parce qu'ils n'ont pas encore assimilé les leurs.

Entre un enfant qui ne parvient pas à constituer ses souvenirs et des parents à la mémoire trop lourde, entre un enfant qui n'a pas accès à son passé par manque de mots, et des parents qui ne peuvent entendre les maux qui les taraudent, la relation risque d'être un peu opaque.

Alors que faire ?

Commencer à regarder autrement le passé. Y trouver autre chose qu'un catalogue de plaintes et de souffrances. Faire revenir à la mémoire le miel des souvenirs heureux.

Mettre en évidence tout un ensemble de bonnes choses vous concernant que d'ordinaire vous négligez et n'osez pas mettre en avant. Cela lui fera du bien... et à vous aussi. L'enfant y puisera des offres identificatoires ou contre identificatoires utiles.

Déjà en évoquant des souvenirs joyeux, légers de vous, enfant. Votre petit garçon ou votre petite fille adorera les anecdotes sur votre propre enfance. Où passiez-vous les vacances ? À quoi jouiez-vous ? Avec qui ?

Laissez les oncles, les grands-parents leur raconter comment vous étiez au même âge, bien évidemment les bêtises que vous faisiez...

Que les rires, les sourires, les joies, les espoirs d'hier et d'avant-hier résonnent de nouveau sous le ciel d'aujourd'hui. Partagez avec votre enfant ce qui a fait de vous ce que vous êtes. Ce lien, ces ponts que vos récits tissent entre votre passé et votre présent, lui permettront de s'inscrire lui aussi dans une continuité historique, symbolique.

Vos souvenirs vont situer votre enfant dans le grand livre familial, dont il est en train d'écrire une nouvelle page.

Votre histoire devient le berceau de ses racines.

Bien qu'il ait des origines doubles, ses ancrages identitaires sont là auprès de vous, ses modèles, ses références morales, sa vision du monde se tissent avec vous.

Cette souplesse retrouvée dans la temporalité, cette mobilité redécouverte à travers les mouvements de la vie vous aideront sans doute aussi à baisser un peu le niveau de vos exigences.

Fréquemment les parents adoptifs ont le sentiment que pour être légitimés, être reconnus comme de bons parents, il leur faudra mettre les bouchées doubles.

Cela commence, d'ailleurs, dès la procédure d'agrément. On leur demande de « prouver » leurs capacités parentales, comme si leur stérilité les rendait suspects. Pas le droit à l'erreur, ni à la moindre faille. En demande-t-on autant aux parents naturels ?

Cela se poursuit souvent, après l'arrivée de l'enfant. Ils se veulent irréprochables, à la hauteur de leur mission sociale, humaine. Situant quelquefois l'adoption sur un versant humanitaire, certains parents peuvent avoir l'illusion de « sauver » un peu l'humanité ; ils exigent alors beaucoup d'eux-mêmes, de leurs enfants et croulent sous le poids d'un « devoir être » impossible.

Du coup, ils survalorisent le côté éducatif, pédagogique. Ils veulent réparer, combler les manques de l'enfant.

Ils donnent sans compter, tout en ayant l'impression qu'ils n'en font jamais assez.

À vouloir trop en faire, on envoie le message à l'enfant qu'il y a beaucoup de choses à rattraper chez lui.

Peut-être faut-il aider les parents à ne plus vouloir être de bons parents !

Gaucher comme papa !

Lucas a neuf ans. Ses parents sont très inquiets. Il ne cesse de répéter qu'il veut changer de famille.

Tiens, cela nous rappelle quelque chose ! Si ce n'est que Lucas déclare haut et fort ce que d'autres taisent soigneusement. Cet enfant adopté exprimerait-il quelque chose de particulier dans son roman familial ?

En tous les cas, cela ébranle littéralement sa mère et son père. Au point qu'ils ont eu besoin de consulter pour leur fils, qui donne cependant des signes de bonne santé tant physique que morale.

Ses résultats scolaires sont légèrement en baisse, certes, mais il reste parmi les premiers de la classe. Il semble joyeux, il a des copains, il se passionne pour le sport et la musique. Alors qu'est-ce qui fait problème ?

« À la maison, se plaignent sa mère et son père, il faut répéter vingt fois les choses avant qu'il n'obéisse. »

Au fur et à mesure que les parents parlent, il m'apparaît bien que le malaise se trouve de leur côté.

Ils vacillent littéralement dans la remise en cause de leur parenté. Ils se sentent attaqués, menacés dans leur position parentale, par un enfant qui jusque-là n'avait pas posé de problèmes. Il y a comme un effondrement narcissique chez ces parents.

« Il a toujours été adorable, très câlin. Jusqu'à présent il était très proche de moi et très complice avec son père », explique la maman.

« Est-ce qu'on a fait quelque chose de mal, sans le vouloir ? » demande le papa.

Lucas assiste, silencieusement, à l'échange entre ses parents et moi.

« Et que lui répondez-vous quand il vous dit qu'il veut changer de famille ?

– En fait, on se dit qu'il est peut-être malheureux parce qu'il ne sait pas grand-chose sur sa famille d'origine, sur sa mère, sur les raisons de son abandon...

– On a prévu un voyage en Afrique, dans son pays d'origine. Jusqu'à présent, il ne s'y intéressait pas, mais il a peut-être maintenant besoin de renouer avec ses sources. Nous, on est prêts à tout pour qu'il soit bien.

– Oui, je n'en doute absolument pas. Mais que lui répondez-vous à lui, Lucas votre fils.

– ... [Réponse sibylline]...

– Que lui dites-vous de vous *en tant que parents. Lui parlez-vous de votre histoire à tous les trois ? Comment elle a commencé, bien avant son arrivée chez vous ? Combien vous l'avez attendu, espéré, rêvé ? Sans doute avant même qu'il naisse vous le portiez déjà dans votre désir. Lui dites-vous tout cela ?*

– ... Pas vraiment, en vérité », reconnaissent ces parents qui à force de vouloir trop bien faire semblent un peu perdus.

Pour un enfant adopté, le roman familial sonne comme un authentique *appel à filiation*. C'est sans doute cela qui le rend plus bruyant. Ce tapage est à la hauteur de l'angoisse sous-jacente chez l'enfant et de son attente. « Dis-moi que je suis bien *ton* enfant, que tu ne m'abandonneras pas à ton tour, que je fais partie intégrante de ta vie. J'ai besoin d'entendre que vous êtes *mes* parents de manière irrévocable, définitive. »

Mais en retour que reçoit-il comme réponse : « On va retisser des liens avec tes origines. »

Pourquoi pas, mais mesure-t-on que cela sonne aux oreilles, et au cœur de l'enfant comme quelque chose qui s'apparente à : « Ta place est plus là-bas qu'ici » ?

C'est comme si vous le renvoyiez vers cet ailleurs qui n'a pas pu l'intégrer.

Du coup, il ne sait plus trop bien où est son lieu d'appartenance, son territoire symbolique à lui. Il ne le sait pas encore parce qu'à cet âge-là, il n'y a que vous qui puissiez lui en faire le récit. Comment ? En dessinant, jour après jour, cet espace affectif, symbolique commun, que vous habitez ensemble et qu'il a contribué, aussi, à forger.

Ce qu'il apprendra au sujet de sa terre de naissance – le chatoiement des couleurs, les saveurs épicées, les chants rythmés – nourrira sa mémoire sensible, éveillera sa petite musique de fond. Ses sens s'enrichiront de mille éclats et l'ouvriront à un « sentir large » et à une expérience unique. Ce qu'on lui fera (re)découvrir des traditions, de la mythologie du pays « d'où il vient » lui permettra de construire un continuum d'expériences et l'aidera à développer une identité singulière. Tout cela est nécessaire, certes.

Mais sa culture d'origine constituera une richesse d'autant plus inégalable qu'il sera ancré dans une affiliation solide.

Né « là-bas », il vit ici.

Son existence s'enracine dans l'histoire de la famille. Il fait partie, il participe à l'inconscient familial, il y a sa place. Il concentre sur lui comme tout enfant un faisceau de projections, de désirs, de peurs, d'inquiétudes, d'espoirs... et il grandira comme tous les autres petits garçons et petites filles en apprenant petit à petit à se libérer un tant soit peu de la névrose familiale. Mais aucun doute, pour l'instant, il y est totalement trempé, impliqué...

Une famille humaine est avant tout une famille symbolique. Ce qui tisse les liens et ce qui les maintient, c'est le partage d'une histoire commune, et elle a commencé dès avant l'arrivée de l'enfant. Elle contient psychiquement et physiquement.

Ce qui fait sens, c'est la place que l'on se forge, au croisement de celle que l'on nous attribue, et de celle à laquelle on aspire.

Ce ne sont pas les liens de sang ni la couleur de la peau qui ont à voir avec le processus d'affiliation, d'appartenance, qui sont de l'ordre de l'imaginaire, du symbolique. Ce sont les modèles partagés ou imposés, la manière dont on régit les liens dans le couple, dans la fratrie, entre générations. Ce sont les règles, les valeurs, la confiance que vous lui transmettez au gré des jours, qui l'inscrivent comme votre enfant.

C'est l'inscription de votre enfant dans l'ordre social dans lequel il évolue qui fait de lui un être humain pouvant se reconnaître comme tel. C'est vous qui pouvez l'aider à sceller son appartenance à la société dans laquelle il vit et qui « offre en partage une vision du cosmos, une certaine souveraineté sur la nature, une relation collective aux esprits surnaturels, en un mot un imaginaire politico-religieux, et les institutions qui lui correspondent[4]. »

Il a besoin d'entendre de votre part le récit de la genèse de votre histoire commune. S'il est votre premier enfant, c'est lui qui a donné naissance à la famille. C'est son arrivée qui vous a rendus parents. Il a fait de vos parents des grands-parents. Son arrivée a transformé radicalement les identités de chacun. Il a modifié l'enchaînement générationnel. Tout cela n'est pas rien. Le sait-il suffisamment ? Il vous appartient d'en faire le récit qui permettra une sorte de réappropriation mutuelle de l'histoire commune.

Le moment magique de la rencontre introduit du sens, fait sens dans la vie d'un enfant et de sa famille. C'est auprès de

4. M. GODELIER, *Métamorphoses de la parenté*, Fayard, 2004.

vous que l'enfant peut découvrir « sa raison d'exister ». C'est auprès de cet enfant et pas d'un autre que vous allez vous réaliser comme parents.

Réintroduire du sens, de la temporalité, ce n'est pas seulement se demander d'où vient l'enfant, mais c'est être attentif à la vie qui s'accomplit, se construit ensemble, là au gré des jours, dans les moindres gestes échangés au quotidien.

Tout cela contribue à redonner du tonus au présent.

« Un respect excessif lié à l'origine ethnique de l'enfant peut empêcher la prise de la "greffe mythique", ce processus imaginaire qui fait entrer un enfant dans son appartenance familiale, qui le situe dans une filiation, et une affiliation[5]. »

Bien sûr le lien fantasmatique que l'enfant entretient avec son origine, avec son histoire antérieure est important, mais souvent les parents adoptifs ont tendance à amplifier son importance au point de le rendre envahissant. Il peut alors faire écran, et entraver, ralentir, atténuer les processus d'intégration familiale et psychique.

À force de trop se préoccuper du pays d'origine, de la culture d'origine, on peut négliger la construction des liens d'appartenance dont l'enfant a besoin prioritairement.

Croyant bien faire, les parents se montrent très soucieux de préserver la « vérité biologique », de surinformer l'enfant. Cela ne facilite pas le processus d'affiliation.

Boris Cyrulnik le confirme : « On a suivi des parents adoptants d'enfants étrangers qui ont rencontré les familles et leur ont donné des lettres et des photos pour qu'ils aient des nouvelles du petit. D'autres, au contraire, ont refusé de rencontrer

---

5. R. NEUBURGER, in *L'adoption, une aventure familiale, op. cit.*

les parents biologiques. On a remarqué que c'est dans le groupe des enfants ignorant leur origine que l'attachement s'est le mieux établi[6]. »

Quand il se sentira suffisamment affilié à vous, il pourra alors bien mieux intégrer les paroles, les informations sur son origine. À l'âge qui nous intéresse ici – ce sera autre chose à l'adolescence – l'enfant a avant tout besoin de sur-renforcer les liens d'appartenance qui permettront à la greffe mythique de prendre.

Il faut leur laisser le temps de se nicher dans le lieu de leur deuxième naissance. Celle qui est la genèse de votre histoire commune. Laissez-lui le temps de se lover dans le creux de l'origine que vous lui avez offerte.

Permettez-lui de s'ancrer auprès de vous. Aidez la greffe à s'enraciner auprès de l'arbre familial. C'est cette genèse familiale qu'il faut d'abord sceller, de manière à ce qu'il puisse ensuite intégrer l'antériorité de son histoire. Il n'est pas question de la nier, mais il est question de la mettre à une place moins envahissante.

Cela lui permettra aussi un peu de se reposer intérieurement des grands voyages qu'il a parcourus tant sur le plan géographique que psychique. Il y trouvera une réassurance réparatrice, restructurante.

Cela vous fera aussi un peu de repos. Car *in fine*, cela revient à mettre en valeur, à donner plus de sens à votre quotidien, à vos gestes actuels et présents. Comme des Monsieur Jourdain de la filiation, vous avez déjà fait en grande partie l'essentiel, mais il manque une parole qui donne une assise à toutes ces fondations symboliques.

---

6. *Les nourritures affectives*, Odile Jacob, 1993.

Lucas continue à se taire, mine de rien, tout en attendant quelque chose.

Sa mère alors le prend dans ses bras et lui chuchote :

« C'est un enfant comme toi que je voulais avoir. Et tu sais, tu ne peux pas te débarrasser de moi comme ça ! Je suis ta mère pour la vie. Personne ne peut faire que je ne sois plus ta mère. »

Son père se rapproche :

« Et moi, je suis son père, et fier de l'être. Tu n'en auras pas d'autres que moi ! Tu pourras toujours compter sur moi. »

Émotion partagée devant ce trio harmonieux.

C'est Lucas qui rompt le charme, ou le renforce davantage.

« Ben, oui, c'est vrai tout ça, je suis gaucher comme toi, papa ! Et je crois que j'ai le "sale" caractère de... maman », dit-il avec un sourire malicieux. « Et puis, mamy n'arrête pas de me dire que je dessine aussi bien que papy. »

Une parole était nécessaire, qui sonne comme un logos. Une parole créatrice, qui déclare à la fois le lien et la séparation d'avec le passé.

La parole qui est dite retentit dans le corps et y inscrit une nouvelle expérience sensible et intelligible à la fois.

Parole que Lucas a bien besoin d'entendre de manière claire, limpide. Après les si nombreuses histoires sans paroles qu'il a traversées.

Cette parole constitue une charpente solide pour l'édifice de sa vie.

L'histoire peut se dérouler à partir du vide originel, des ténèbres originaires, une nouvelle genèse du sujet est possible, inscrite désormais dans le logos familial. L'enfant sort de son destin, pour accéder à son devenir.

Lucas viendra me voir deux ou trois fois, pas plus. À la dernière séance, il prend un grand plaisir à me raconter ses dernières vacances.

« J'étais chez ma tante et mon oncle. Je me suis bien amusé avec mes cousins. Mais tu sais, je n'en reviens pas comment ils sont les parents. Tu comprends ils laissent tout faire aux enfants ; on peut se coucher à n'importe quelle heure, on peut jouer autant qu'on veut à la Gameboy.

Il faut dire que les parents passent tellement de temps à s'engueuler qu'ils ne peuvent pas s'occuper des enfants.

Je vais te dire une chose, mes parents, ils sont un peu trop sévères, mais c'est chez eux que j'ai envie d'être. »

Fin du roman familial de Lucas, son appartenance est scellée. S'il se montre un peu raisonnable pour l'instant, ce n'est pas plus mal, tout le monde souffle un peu avant l'adolescence.

Dans son roman familial, l'enfant adopté a peut-être envie de « tuer » ses parents comme « adoptifs », pour les introjecter comme parents « tout court ».

Aurait-il finalement envie que pour quelque temps l'adoption soit oubliée ? Devenir un enfant comme un autre, qui n'a rien à justifier, ni à prouver.

Quelle légèreté !

Il est beau mon nombril ?

Mélanie a dix-huit mois, elle est arrivée chez ses parents vers six mois. Depuis quelques temps, elle ne cesse de jouer avec son nombril, elle le montre fièrement, n'hésite pas à l'exhiber.

Est-ce sa manière à elle d'interroger sa naissance ou de dire qu'elle est l'enfant de sa mère, l'enfant de la maison, « fait maison » ?

Sa mère en effet me raconte que dès son arrivée elles ont vécu toutes les deux des expériences fusionnelles extraordinaires.

Sa mère la berçait, épousant le rythme de sa respiration, ce qui avait pour effet de la calmer profondément.

Au bout d'un moment cette maman ne savait plus distinguer le souffle de sa fille ou le sien – véritable osmose bienfaitrice pour toutes les deux.

Un des puissants véhicules du lien, c'est le corps.

Quand on a la chance d'accueillir un jeune bébé, le corps à corps avec lui permet de vivre une fusion. L'enfant reçoit cette empreinte du corps de la mère, et comme dans un effet de mimétisme peut commencer à lui ressembler.

Il n'est pas rare que des patients, des patients adultes qui viennent d'adopter me racontent : « C'est incroyable, quand on se promène dans la rue, combien de fois on me dit “votre fille c'est tout votre portrait”. » « Ma belle-mère l'autre jour n'en revenait pas, elle a sorti les photos de sa deuxième fille, la tante de Benjamin, ils ont un air de famille extraordinaire ! »

Quand il y a une fratrie « mixte », où sont élevés ensemble des enfants « faits maison » et des enfants adoptés, ne remarquez-vous pas au-delà des couleurs de peau ou ethnies différentes, les mêmes gestes, les mêmes expressions du visage, les mêmes intonations de voix, les mêmes réactions...

Un enfant a beau être né ailleurs, il peut nous ressembler tellement !

Notre présence à nous-mêmes, à la totalité de cette insaisissable personne que nous sommes, s'effectue par cette habitation corporelle. On adhère à soi, en prenant corps en nous-mêmes, en faisant corps avec nous-mêmes.

Notre corps, en effet, permet un double mouvement : habiter le monde et être habité par lui. Le corps est le foyer de notre engagement dans le monde, lieu de la réciprocité entre le monde et le sujet, terrain où s'articulent les mouvements entre intérieur et extérieur.

Le corps est le lieu du « chez soi », lieu clos, unifié dans ses transformations mêmes et en même temps centre du partage. Résidence de la singularité la plus inaliénable, il est ce qui me met d'emblée en relation, en communication avec les autres et avec le monde. Il est le lieu unique de ma présence plurielle au monde.

Il assure le continuum d'expériences, en dépit des changements.

Dans ce corps à corps se met en place une véritable communication intersubjective, l'enfant crée la mère qui à son tour crée l'enfant. La conscience de soi se construit à partir du soi de l'autre.

L'enfant se sent porté. Ce qui rend l'enfant plus présent à lui-même émane de quelque chose vécu à deux. C'est dans l'instant présent, renouvelable au gré du temps qu'il se sent exister dans le désir de la mère, qu'il prend corps dans la vie.

Son sentiment de cohérence interne lui est communiqué au sein même de cet échange. Il accède à l'évidence d'être soi, un être bien vivant, capable d'intégrer ses expériences les plus diverses, sans s'y perdre.

Chacun emmagasine une expérience nouvelle sur le monde, commune et partagée.

L'intégration de soi s'effectue par ces expériences permettant un accordage réciproque.

S'installe alors cette sensation que quelque chose est en train d'être vécu à deux, dans un partage mutuel d'états psychiques et d'intentionnalité. Quelque chose de la vie circule, signifiant qu'elle vaut la peine d'être vécue. Une confiance, un espoir peut alors s'inscrire inexorablement dans tout son être.

Il ne s'agit plus de chercher à réparer quoi que ce soit d'un passé posé comme révolu, mais d'inventer au quotidien des nouveaux modes de communication interpersonnelle basés sur l'accordage possible dans l'ici et maintenant.

Votre petit garçon, votre petite fille entend, est désormais imprégné(e) par des gestes portés par des mots. Sensibilité et intelligibilité s'articulent, dansent ensemble la féerie de la vie, construisant par là même une unité, une cohérence interne. L'enfant donne corps à son existence singulière et unique, l'habite pleinement, c'est-à-dire dignement.

Le corps est un des lieux de l'origine. Quand il n'a pu être origine de la conception, il peut être origine affective, émotionnelle, sensorielle de la relation.

Prémisse du langage, de la pensée, le corps est l'origine du lien spécifique entre parents et enfants.

4

« J'suis ton enfant miracle »

Pourquoi tu m'appelles ton petit pingouin ?

« Les bébés, ça naît dans des éprouvettes ? » demande Chloé, six ans.

« J'suis ton petit pingouin ? » interroge Théo, 4 ans.

« C'est quoi un miracle ? » questionne Martin, « tu dis toujours à tes amies que je suis un enfant miracle. »

« C'est le médecin qui a aidé la maman de Margot à faire son petit frère » explique Laura.

Vous qui aviez l'impression de n'avoir rien dit à votre cher bambin, le voilà qui vous surprend par ses questions déroutantes ! Combien de mots prononçons-nous sans nous en rendre compte et sans en mesurer l'impact ! Nous exprimons bien plus de choses qu'on ne l'imagine, que ce soit avec des paroles, à travers nos émotions, ou nos silences gênés.

N'en doutez plus, quand vous avez l'impression de parler entre adultes, vos petits chérubins captent bien plus de choses que vous ne le pensez. Et puis, il y a la télé, et les conversations entre copains-copines à la récré.

Cela est inévitable, et ce n'est pas plus mal. Les chérubins n'ont pas leur pareil pour harponner quelques bribes d'informations, dont ils ne savent en général que faire, et qui viennent alimenter leur foisonnante fantasmatique. S'ils posent spontanément des questions, c'est qu'ils s'y sentent autorisés, ils ne perçoivent pas d'interdit implicite de votre part. En y répondant, cela va permettre de mettre un peu d'ordre dans leur imaginaire.

Vous voilà donc au pied du mur.

Alors quelle attitude avoir ? Si vous avez eu votre enfant grâce à une PMA [1], quelle révélation faire ou ne pas faire sur la manière dont il a été conçu ?

Et s'il ne pose pas de questions, quelle attitude adopter ?

Tout d'abord, la problématique n'est pas identique s'il y a eu intervention d'un donneur, ou bien s'il y a eu FIV, ICSI.

Dans ces derniers cas – nous parlerons des IAD ultérieurement – rassurez-vous, que vous évoquiez ou non l'AMP avec votre enfant, aucune des deux attitudes n'est préjudiciable pour lui. En parler ou ne pas en parler n'est pas un enjeu vital pour son développement. C'est une question qui chatouille davantage les adultes que les petits.

Ne rien lui dire ne constitue pas à proprement parler un secret. Ce n'est pas une « vérité » que vous « devez » à l'enfant et qui transformerait sa relation à vous, ni sa perception de lui-même.

Lui en parler peut vous aider à dédramatiser la démarche elle-même et peut vous rassurer vous-même – ce qui n'est pas négligeable.

---

1. PMA : procréation médicalement assistée, ou AMP : assistance médicale à la procréation. Sous ce libellé sont regroupées différentes techniques allant de la stimulation ovarienne à l'insémination avec donneur (IAD) en passant par les FIV, ICSI, la chirurgie, l'insémination...
Lire un petit livre clair et précis : Cendrine BARRUYER, *Mieux vivre avec... une PMA,* Arnaud Franel Éditions, 2005.

Que votre petite fille ou votre petit garçon soit né(e) dans une rose, dans un chou, amené par une cigogne ou bien grâce à une FIV[2], cela ne change pas grand-chose pour lui, quant à sa filiation, son appartenance, son hérédité génétique, sa « vérité » biologique, son identité, son évolution... Cela n'aura pas forcément d'incidences sur son développement psychoaffectif[3].

Je n'ai encore jamais reçu d'enfant en thérapie parce qu'il ignorait être né grâce à une FIV !

« Les liens et les sentiments de parenté et de filiation ne s'établissent pas de façon différente selon les divers modes de procréation[4]. »

Mieux vaut de toutes les manières adopter une certaine souplesse. Vous pouvez décider de ne rien dire tant que l'enfant est petit, et puis en parler à l'adolescence, quand par exemple il connaîtra davantage les processus de la reproduction humaine. Vous pouvez attendre ses questions, ou les devancer.

Même si vous optez pour le silence, il se peut que certaines de ses demandes vous fassent changer d'avis. Ne mettez nulle urgence dans cet échange, qui sans doute se fera par étapes successives. N'y voyez nul enjeu fondamental.

---

2. FIV : fécondation in vitro. On prélève un ovocyte par ponction ovarienne, qui sera mis en présence des spermatozoïdes dans un tube à essai de manière à favoriser la fécondation. Puis les embryons seront transférés dans l'utérus ou bien congelés pour des tentatives ultérieures. D'où le nom de « petit pingouin » donné par certaines mamans.
   Avec l'ICSI, la fécondation in vitro se fait par micro-injection. Le spermatozoïde est directement injecté dans l'ovule. Ensuite les embryons sont traités de la même manière que précédemment.
3. Après vingt ans de recul, la plupart des études sont rassurantes sur ce point. Les enfants de la FIV auraient peut-être une meilleure scolarité, mais n'est-ce pas dû au fait qu'ils sont plus « désirés » encore que les autres, plus « attendus », donc plus entourés ? Source : Cendrine BARRUYER, *Mieux vivre avec... une PMA*, *op. cit*.
4. M. SOULÉ, in Ouvrage collectif, *Origines, identités, destinées*, ESF, 1996.

L'important, ici, c'est que ce soit une position du couple, que le père et la mère, qu'ils vivent ensemble ou non, soient à peu près d'accord sur l'attitude générale à tenir. De façon à éviter des jeux d'alliance entre l'enfant et un de ses parents, du genre : « Ne dis pas à ton père que je t'ai raconté tout ce qu'on a fait pour t'avoir. »

La parole portée devant l'enfant doit pouvoir réintroduire la dimension de couple. Votre petite fille, votre petit garçon sont nés d'une mère et d'un père, de deux êtres en tous les cas, qui ont choisi de s'engager dans cette démarche exigeante de la PMA.

Cela permet de remettre les choses à leur place.

Cigogne, petite graine, éprouvette… elle commence comment mon histoire ?

En effet, qu'on ne se méprenne pas. Lorsqu'il y a eu FIV ou ICSI, cela concerne bien davantage l'histoire du couple parental que celle de l'enfant.

Ne tombons pas dans le piège ni dans le dogme du tout transparent, du tout révéler !

Est-ce qu'un couple qui a un enfant « naturellement » donne des détails sur le moment de sa conception ? Se sent-il obligé, par souci de transparence, de dire si le rapport sexuel qui a donné lieu à la grossesse s'est passé sous le soleil des Tropiques, dans un lit à baldaquin, sur le tapis de la salle de bains ?

Ce moment relève de l'intimité du couple plutôt que de l'histoire de l'enfant.

Son origine ne se situe pas là. L'origine d'un être humain est bien plus complexe, nous commençons à le percevoir. Elle ne peut se réduire à un simple acte sexuel ou médical aussi déterminant soit-il.

Objet du désir parental, le bébé devra devenir sujet. Ce sont toutes les multiples étapes qui le conduiront vers cette dignité de soi qui constitueront ses différentes et successives origines. L'origine est une histoire qui reste toujours à écrire, elle ne se réduit pas en un point figé du temps.

Alors s'il doit y avoir transparence, c'est plus en soi-même, pour soi-même, et dans le couple que la parole doit circuler.

Car ce qui peut se révéler encombrant pour l'enfant, c'est le poids des souffrances que vous avez traversées avant de pouvoir être enceinte de lui. Et ce, d'autant plus que vous les croyiez évanouies avec l'arrivée de votre petit garçon ou de votre petite fille. Non, elles restent longtemps là, tapies au fond de votre inconscient et prêtes à resurgir à votre insu dans vos relations familiales. Un travail de réflexion, d'élaboration est nécessaire pour vous en libérer, soit seule avec vous-même, soit dans le couple, ou avec une tierce personne. Tentons de donner quelques pistes.

L'affliction des femmes stériles existe depuis l'origine de l'humanité ; l'Ancien Testament en témoigne avec Sarah, Rébecca, Rachel... Elle n'a d'égal que le culte porté depuis la plus haute Antiquité aux déesses de la fertilité. La stérilité peut encore justifier la répudiation d'une épouse dans certaines civilisations.

Traditionnellement, une femme qui ne peut engendrer se trouve en dette vis-à-vis de sa propre mère, vis-à-vis des générations précédentes. Elle a reçu la vie. Et ce don la place devant une obligation morale. Elle se trouve symboliquement chargée d'engendrer à son tour, d'assurer la permanence de la lignée, la survie de l'espèce. Le corps de la femme « doit » un enfant à sa famille, et à travers elle, à la société tout entière. Comment assumer sa dette de vie quand on se trouve stérile ?

Héritiers de ces mythes, il ne nous est pas facile de nous libérer du poids idéologique de certaines représentations.

Et pourtant, depuis, que de progrès ! Désormais certaines formes de stérilité[5] ne figent plus le destin des femmes.

En 1978, naissait Louise Brown, le premier « bébé éprouvette ». Puis en 1982, Amandine naissait en France avec l'aide du professeur René Frydman et du biologiste Jacques Testard. Depuis, près de 300 000 couples stériles dans le monde bénéficient des techniques de la PMA et près de 10 000 bébés naissent chaque année[6]. Les progrès ne cessent d'évoluer en même temps finalement que les difficultés des couples à avoir des enfants.

En France, chaque année 45 000 personnes, soit un couple sur six, consultent pour cette raison[7].

Et pourtant, le sujet demeure délicat. On parle dans la presse, à la télé de ces nouvelles techniques, mais comment les évoque-t-on dans les chaumières ? Avec qui parle-t-on vraiment de ce qui se passe au plus profond de soi ?

La culpabilité rode au plus près, si ce n'est la honte. Un sentiment de défaillance plane comme une ombre intérieure. On se sent impuissant, incapable de faire ce que tant d'êtres humains ont fait « naturellement » depuis des millénaires. On peut avoir l'impression d'être comme « en dehors » de cette humanité qui engendre « simplement », comme au ban de la société, comme exclu et tenu à l'écart d'une évidence que l'on ne connaîtra pas.

5. On parle de stérilité quand un couple a des relations sexuelles régulières et non protégées depuis deux ans, sans avoir pu avoir d'enfant.
6. Source : site www.doctissimo.fr : « Papa, maman, la PMA et moi ».
7. Source : *Mieux vivre avec... une PMA, op. cit.*

Quand est-ce que vous faites un petit frère ?

Le regard interrogateur, impatient des autres – parents, cousins, amis – même s'il est bienveillant, dérange, perturbe encore davantage. Les relations avec l'entourage s'obscurcissent, deviennent opaques. Même la sollicitude la plus sincère devient fardeau, lourde à porter et à supporter, et peut être vécue comme une pression intolérable. Le malaise est patent, et il devient encore plus douloureux quand nos propres enfants s'y mettent. Que leur répondre quand ils ne cessent de réclamer un petit frère ou une petite sœur ? Ce qui devrait pouvoir se faire dans la joie se fait dans la peine. Quel accablement !

Dans le meilleur des cas, plus personne n'ose poser de questions, tout en prodiguant une présence rassurante. Dans le pire, les phrases assassines tombent en rafale : « Tu ne crois pas que c'est psychologique ? Es-tu vraiment au clair avec ton désir ? Ton couple, ça va bien ? »

C'est souvent dans une grande solitude que l'on traverse ces épreuves. On peut avoir le sentiment d'un environnement hostile, pour le moins incompréhensif.

Bref rien n'est simple, tout est compliqué. C'est ce vécu-là qui risque de « coller à la peau » et pourrait être transmis inconsciemment à l'enfant.

La blessure narcissique est profonde.

Au sentiment d'injustice, vient s'ajouter l'humiliation de tous les examens médicaux nécessaires. L'intimité du couple, la sexualité en sont bouleversées.

Les affres de la stérilité, la galère des traitements, les périodes d'espoir alternant avec celles de doute, fragilisent bien des hommes et des femmes.

Si de nos jours, l'infécondité n'est plus considérée comme l'affaire de la femme, mais bien du couple, c'est malgré tout encore elle qui subit dans son corps les traitements, même lorsque la stérilité est d'origine masculine.

Encore une fois, avec qui parle-t-on de ces blessures ? Dans le couple, ce n'est pas toujours facile. On tient comme on peut ; on essaie de gérer tout cela le mieux possible. On ne veut pas accabler l'autre, ni rajouter notre peine à la sienne. Et puis, on ne trouve pas les mots, pas le courage d'échanger... On avance tête baissée dans les dates, les examens, le médical... On en oublierait l'amour, la tendresse, la poésie.

L'arrivée d'un bébé ne suffit pas à lever la trace intime de ces épreuves.

Pendant la grossesse, quand elle finit par arriver[8], l'angoisse rivalise avec la jouissance. La médicalisation laisse-t-elle suffisamment de place au plaisir de ressentir cette vie qui se déploie en soi ? Un être étonnant déjà écoute, perçoit, réagit, manifeste, tisse ses liens avec sa mère, avec son père. Il se sent attendu, il se sait désiré. Arrive-t-on à en savourer la magie ? Est-on suffisamment disponible à l'intérieur de soi pour se laisser surprendre par ce miracle ? Car oui, toute naissance est un miracle renouvelé à chaque fois, et tout enfant est un petit être miraculeux, quelle que soit la manière dont il a été conçu.

Même après la naissance de l'enfant, bien des mères évoquent l'émotion qu'elles éprouvent quand on parle de PMA dans les médias.

8. Sur 100 couples suivis, on observe 59 % de grossesses menant à un accouchement, mais il aura fallu pour la plupart en passer par plusieurs tentatives. Chaque tentative offre une chance d'être enceinte à environ 20 % de femmes. Source : *Mieux vivre avec... une PMA, op. cit.*

L'arrivée du bébé comble un désir, mais n'élimine pas le sentiment de défaillance. Il répare, mais ne restaure pas.

Le corps n'oublie pas. Le corps de la femme, mais aussi celui de l'homme, j'allais dire le corps du couple, porte longtemps encore la mémoire de cette douleur.

Cette espèce de perte de soi que l'on a vécue pendant le parcours du combattant que fut l'AMP, reste encore sourdement blottie au plus profond de soi, et peut hanter le couple dans un non-dit dommageable. Cette souffrance mal élaborée, non métabolisée risque d'être transmise à l'enfant à l'insu de tous. Elle peut venir faire écran entre le père et la mère ou entre un des parents et l'enfant.

Tant que persiste le sentiment que « décidément, rien n'est simple, rien n'a été facile pour nous, tout est compliqué », c'est que résiste encore un résidu de culpabilité, aussi solide que sournois.

Il faudrait bien tout de même parvenir à s'en libérer pour savourer pleinement le sel de l'aventure familiale !

L'AMP permet d'échapper au destin de l'infertilité, mais elle ne permet pas systématiquement d'échapper à la malédiction du « Il faut bien payer cette victoire d'une manière ou d'une autre ».

Les PMA posent le problème des loyautés, ou plutôt inversent le problème des loyautés. Elles jettent un trouble dans le système d'échanges entre dons et dettes. Elles le complexifient, en introduisant par exemple le tiers médical dans la « reconnaissance de dettes ».

Longtemps, dans les systèmes traditionnels, l'arrivée du bébé était censée ramener le « compteur à zéro » entre les différentes générations. Ici, la jeune mère surtout se démène avec des comptes non solvables.

Au lieu de se sentir en dette, la jeune mère a plutôt l'impression que ce sont les autres qui sont en dette envers elle et que, comble de tout, nul ne veut le reconnaître.

Elle peut en vouloir à la vie de ne pas avoir été plus clémente. Elle peut en vouloir au mari, à sa mère de l'avoir entraînée dans cette galère (dans le cas des « filles Distilbène », par exemple). Elle peut en vouloir aux cousins, amis qui ont eu leur bébé apparemment sans problème – au fait, en sommes-nous si sûrs ?

Et bien sûr, elle s'en veut d'en vouloir à tout le monde. La culpabilité excelle dans l'autocondamnation.

Conclusion, se sentant trahie – par son corps, par sa famille, par la vie... –, elle pense ne pas avoir reçu ce qu'elle aurait dû recevoir. La médecine aide, compense mais elle malmène tellement !

Tant que prédomine le sentiment de ne pas avoir « suffisamment » reçu, la naissance d'un enfant ne peut pas venir « régler » la dette de vie.

Avec les PMA, la famille est un peu en cessation de paiement, personne n'a l'impression d'avoir eu son « du », et le spectre de la trahison rode, personne ne sait plus envers qui il se trouve redevable. L'éthique relationnelle peut en pâtir.

Je suis ton chevalier servant

Et l'enfant là-dedans ? L'enfant peut confusément sentir qu'il est chargé de réparer des blessures, qu'il est censé combler des manques, des renoncements, mais est-ce son rôle ? Il est primordial de ne pas le laisser s'installer dans des missions impossibles qui l'amèneraient à croire qu'il peut jouer le rôle de votre défenseur, justicier ou vengeur. Elle serait là, la terrible trahison à l'enfant, qui consiste à le laisser prendre une place ou une fonction qui ne peut être la sienne !

La moindre imperfection de l'enfant peut réactiver notre sentiment de défaillance, et faire écho à l'impuissance de notre corps, quand les blessures de l'AMP n'ont pas pu être pansées, ni pensées. Qu'il est difficile alors de renoncer au bébé rêvé et fantasmé !

« Avec tout ce que j'ai galéré..., me disait récemment une maman, c'est vrai, j'ai du mal à accepter que mon fils ne soit pas comme je l'imaginais, peut-être pas parfait mais... au moins plus facile, plus gentil avec moi. »

Peut se mettre en place une relation de colère sourde, de rancœurs face à l'enfant réel, qui, signe de bonne santé pour lui, ne se conforme pas à l'idéal tyrannique et impossible projeté sur lui.

Bien souvent, il suffit aux mamans de prendre conscience de cette exigence abusive, pour sortir de ce comportement.

Quelquefois aussi, dans l'indétermination éthique qui flotte autour de l'enfant, on peut le river à un sentiment de toute-puissance. « Je suis venu malgré toutes les entraves, j'avais une telle volonté de vie... je ne dois rien à personne si ce n'est à ma soif absolue d'exister, c'est elle qui m'a fait m'accrocher, moi et pas un autre. »

Enfant du miracle, oui ! Enfant divin, auto-engendré, ne devant rien à personne, non !

Alors que faire ? Que dire, à qui, comment ?

Il y a plusieurs niveaux dans ce questionnement. Séparons-les, voulez-vous.

Premier niveau : le niveau individuel

Que peut-on *se* dire à soi-même ? Souvent après une PMA, l'homme comme la femme a besoin de reconstruire une estime de soi, de se réconcilier avec son corps, et retrouver une confiance en soi.

Acceptez-vous ! Restaurez votre narcissisme parental ! D'accord, me direz-vous, mais comment ?

Commencez déjà par vous légitimer, un peu plus, comme parent. Ce n'est pas parce que vous avez eu du mal à avoir un enfant que vous n'êtes pas une mère, ou un père « suffisamment bon(ne) » !

La plupart des parents que je rencontre pensent mal faire. Ils ont sans cesse besoin de se justifier quand ils rencontrent une difficulté avec leur enfant.

S'il vous plaît, acceptez vos erreurs, vos imperfections. Elles sont non seulement inévitables mais salutaires pour les enfants. On ne peut pas « tout » pour eux, on ne peut pas leur éviter certaines souffrances. Ne perdons pas de vue que ce sont ces carences-là, ces lacunes parentales qui leur permettent de développer leurs propres ressources !

Et puis, n'oublions pas ceci : un enfant grandit en mettant ses parents en difficulté, voire en échec ! Il a besoin de nous mettre à l'épreuve pour voir justement comment nous tenons, si nous restons debout devant leurs coups de bouc. Ils nous reconnaissent comme des figures d'autorité, des références identificatoires précisément quand nous ne vacillons pas devant eux.

Cette restauration narcissique, personne ne peut l'effectuer à notre place. C'est un travail personnel qu'il nous appartient de faire. Cela passe inévitablement par l'acceptation des « mauvais côtés » que l'épreuve de la PMA a fait émerger.

Accepter, par exemple, cette colère qu'on a eue inévitablement contre la terre entière, son conjoint, ou sa famille. On ne peut pas ne pas friser la jalousie quand des femmes de notre entourage « tombent » enceinte dès qu'elles arrêtent la pilule.

Légitime ou pas, notre agressivité, voire notre haine fugitive, seront d'autant mieux dépassées qu'elles seront acceptées.

On ne peut pas éviter les mouvements régressifs qui nous amènent à nous sentir mal aimé, mal doté.

Il vaut mieux rire de ces mauvais sentiments plutôt que de vouloir les dénier.

Oser s'avouer ses troubles penchants, avoir le courage de les regarder en face, voilà le moyen de ne plus leur donner de prise. Pourquoi ? Parce que s'en défendre, chercher à les rejeter, c'est se défendre d'une partie de soi-même, c'est rejeter une partie de soi, c'est entraver le sentiment intérieur d'unité, c'est alimenter inutilement les conflits intimes particulièrement terrassants.

Respirez, vous êtes, enfin, en train de vous délester de la tyrannie de l'idéal... Vous acceptez la mère que vous avez, le mari qui est à côté de vous. Vous finissez par vous accepter vous-même. Votre enfant est bien un enfant miracle qui vous aura permis ce prodige incroyable !

Ainsi, mine de rien, vous réintroduisez du sourire, de la joie, de la présence dans tous vos gestes quotidiens. La vie s'ouvre et recircule entre vous et les autres.

Deuxième niveau : celui du couple

Que peut-on *se* dire en couple pour rendre au passé cet épisode douloureux, pour ne plus en être encombré sans toutefois le dénier ? Cela permettra de dédramatiser. Une parole qui circule dans le couple évite de régler dans la relation parents-enfants les contentieux qui subsistent entre le père et la mère.

Il n'est pas nécessairement utile de rouvrir le chapitre des blessures. Mais dans une perspective dynamique, on peut se demander ce que la PMA a changé dans le relationnel du couple, en positif comme en négatif. On peut réfléchir ensemble sur la manière dont les brèches ouvertes alors sont susceptibles d'être comblées.

Après coup, si cela était à refaire, referiez-vous les choses à l'identique ? Aimeriez-vous davantage en parler à l'entourage ?

Si vous vous mettez à la place de l'autre parent, pensez-vous qu'il estime que la FIV ou l'ICSI transforme la relation mère-enfant, père-enfant ? Confrontez vos réponses et ouvrez le dialogue.

Troisième niveau : l'enfant lui-même

Si on choisit de parler avec lui de l'AMP, situez bien l'objectif. Il ne s'agit en aucune manière de justifier quoi que ce soit de vous, de votre parcours.

Qu'est-ce qu'un enfant a besoin d'entendre ?

Tout ce qui peut l'aider à mieux se situer dans son histoire à lui.

Inutile aussi de donner trop de détails techniques qui le troubleront plutôt qu'autre chose. Ne vous encombrez pas d'explications savantes dont il n'a que faire.

Attention à la place attribuée au tiers médical. Les progrès de la science ne sont que des moyens mis au service de l'homme.

Je suis toujours révoltée quand je vois que tel ou tel médecin est décrit comme étant « le père de ce bébé éprouvette ».

La médecine, aussi géniale soit-elle, ne fait que ce qu'elle est chargée de faire ; le père de l'enfant, ce n'est pas le médecin. Elle a seulement donné le « petit coup de pouce » nécessaire.

Il faut reconnaître que nous sommes dans un contexte général de forte médicalisation des grossesses quelles que soient les modalités de procréation.

Une femme enceinte est bien souvent considérée comme une « malade » potentielle. Les suivis rigoureux sont certes des actes de prévention, de précaution devenus indispensables, mais ils génèrent tellement d'angoisses !

Quelle place cela laisse-t-il à l'émerveillement devant la vie qui pousse là, dans ce corps à corps mère-enfant !

Tu m'as vu quand j'étais dans le tube

Faites simple, très simple, encore plus simple !

Justement cette simplicité qui vous a tant manquée. Vous serez étonnée de votre capacité à l'introduire dans le dialogue institué avec votre enfant.

La réflexion et l'échange que vous avez pu mener précédemment vont largement vous permettre de dire à votre enfant les mots justes qui le concernent lui et qui seront déchargés de bien des affects qui vous ont longtemps encombrée.

On pourrait imaginer quelque chose comme :

« Tu sais quelquefois, une maman et un papa ne peuvent pas avoir un enfant facilement. Alors ils vont voir un médecin, qui les aide à ce que la petite graine de la maman et celle du papa se mettent bien ensemble.

– Mais tu m'avais dit que c'était un ovule et un spermatozoïde qui se rencontraient pour se développer et faire un bébé.

– Oui, c'est pareil, sauf que souvent cette rencontre se passe à l'intérieur de la maman.

– Oui, quand vous faites l'amour.

– Laisse-moi continuer ; quelquefois cette rencontre a lieu à l'extérieur de la maman, dans un tube que le médecin prépare pour nous.

– Alors tu fais l'amour avec un tube ?

– Laisse-moi finir, s'il te plaît ; ensuite dès que tout s'est bien passé, au bout d'un ou deux jours, l'embryon est replacé dans le ventre de la maman, il y reste bien au chaud pendant neuf mois, comme pour tous les enfants du monde depuis que le monde existe.

– C'est comme ça que ça s'est passé pour moi ?

– Oui.

– Mais comment elle est arrivée dans le tube ta graine et celle de papa ?...

– Le médecin nous a aidés...

– Mais tu as eu mal ?

– Non presque pas... j'étais tellement impatiente de t'avoir que j'ai oublié.

– Alors, tu m'as vu à travers le tube ! Avant que je rentre dans ton ventre, on a pu se voir, c'est chouette ça !... Ça t'a fait plaisir de me faire un petit coucou ?

– [rire]... Oui finalement on a de la chance, je t'ai connu dès tes premières secondes, bien avant les autres mamans qui n'ont pas besoin de ces méthodes !

– Je me ressemblais déjà ?

– Oui, déjà tu étais très beau, et très costaud... »

L'enfant a besoin d'entendre des choses qui le rassurent sur lui, sur vous, sur le fait que sa naissance ne vous ait pas blessée.

Et encore une fois, laissons-nous surprendre par le génie des enfants. Ils n'ont pas leur pareil pour trouver les réaménagements intérieurs qui leur sont utiles au fur et à mesure qu'ils grandissent. Ils savent mêler savoir, humour, imaginaire...

Situer l'enfant dans sa perspective historique, c'est élargir au maximum la question de l'origine. C'est à cela que l'enfant est sensible. Ce n'est pas seulement parce qu'il y a eu une PMA qu'il existe comme petit être humain, il est poussière d'étoiles, rappelez-vous. Il a fallu des générations et des générations d'individus, toute une chaîne de savoirs, de découvertes, d'amour, d'évolutions pour que votre petit Mathis ou votre petite Manuella vous sourie.

Ce n'est jamais seulement un homme et une femme qui font et élèvent un enfant. Il est le produit de multiples réseaux de désirs, de projets.

Réintroduire cette perspective humaine, historique, permet de diminuer le risque de toute-puissance : celle dont on investit cet enfant si attendu, celle que l'on risque d'attribuer à la médecine.

Profitez-en surtout pour en faire un moment de tendresse. On pourrait presque dire qu'à la limite, peu importe le contenu de ce que vous allez dire, c'est tout l'amour que vous allez faire passer que votre enfant va entendre.

Pour réintroduire de l'éthique, dites-lui peut-être tout simplement là aussi le plaisir et les joies d'être mère, au-delà des nuits de veille, des angoisses. C'est peut-être ainsi qu'on réintroduit de l'éthique relationnelle, qu'on reste loyal envers la vie qui circule, et se transmet comme elle peut, dans la puissance de sa magie.

C'est quoi une iadé (IAD) ?

« L'autre jour tu parlais avec papa de la petite sœur ou du petit frère que tu n'arrives pas à avoir.

– ... [silence gêné de la mère]

– Je vous ai entendu dire qu'il faudrait une « iadé ».

– Ah bon !

– Et papa et toi vous étiez bien tristes... Vous n'en voulez pas du petit frère ?

– Non ce n'est pas cela... mais...

– Mais quoi ?

– C'est pas facile tu sais...

– Qu'est-ce qui n'est pas facile ?

– D'avoir un autre bébé... et puis il y a des choses que tu ne peux pas comprendre encore, tu es trop petite.

– Et pour moi, ça a été comme ça ?

– On en parlera une autre fois » répond la mère, affectée et à court d'arguments.

Voilà un dialogue fictif, mais tout à fait plausible.

Fictif, parce que le secret qui entoure l'insémination avec donneur, ou IAD[9] est bien plus puissant que celui qui entoure les autres formes de PMA. Il n'a peut-être d'égal que la manière dont était longtemps tenu le secret des origines d'un enfant adopté. Les enfants auront du mal à poser des questions, parce qu'ils pressentent bien l'interdit implicite.

Plausible, parce que tout secret est une force qui tend à se dévoiler. À tout moment peut s'ouvrir une brèche.

Pourquoi l'IAD est-elle plus secrète[10] ?

Elle s'organise, en fait, autour de deux secrets. Celui de l'anonymat du donneur, totalement encadré par la loi[11]. On ne

---

9. En France n'est autorisé que le don de sperme. Le don d'ovocytes est interdit. On utilise donc l'IAD, dans les cas de stérilité masculine, ou quand une maladie génétique de l'homme peut être préjudiciable pour l'enfant. Environ 7 000 enfants naissent grâce à cette méthode.
10. Alors que la plupart des couples ayant bénéficié d'une FIV le confient à l'accoucheur, 22 % des parents par IAD ne lui en parlent pas. 51 % d'entre eux n'en parlent pas non plus au pédiatre qui suit l'enfant contre 35 % des parents FIV ou ICSI. 69 % ne le confient pas aux ascendants contre 22 % des autres parents PMA diverses. 40 % ne le confient à personne dans l'entourage, contre 12 % parmi l'autre catégorie de parents. 10 % des pères estiment qu'ils le diront à l'enfant, 12 % des mères – alors que 71 % des pères et 68 % des mères PMA diverses pensent le dire à l'enfant. (Sources : *Les enfants des couples stériles,* ESF, 1985.)
11. « Les époux ou les concubins qui, pour procréer, font appel à une assistance médicale nécessitant le recours à un « tiers donneur » doivent préalablement

saura jamais rien de cet homme. Son existence, ses motivations seront à tout jamais perdues dans les limbes de l'indicible. Il donne mais abdique tout droit sur l'enfant qui naîtra de son don de manière à laisser le père social être *Le* seul père.

Deuxième secret, non régi par la loi, mais organisé bien souvent par les parents autour de la stérilité du père ou des risques génétiques qu'il pourrait faire porter à l'embryon, et qui ont justifié le recours à l'IAD.

Qu'elle est douloureuse cette stérilité masculine, et tellement taboue[12] !

Elle sonnerait presque comme l'aveu d'une faute. Elle est terriblement difficile à assumer. Dans un premier temps, bien souvent on ne peut que la taire.

Pendant des siècles et des siècles, elle n'était même pas concevable. Nul n'aurait osé penser, imaginer que l'infertilité d'un couple pouvait provenir d'une stérilité masculine.

Autant dire que l'homme stérile pourrait ne pas être reconnu comme un homme – suprême injure ! Fécondité et puissance

---

y consentir par déclaration conjointe devant le président du tribunal de grande instance, soit devant le notaire. Ceux-ci doivent informer le couple sur les conséquences de ce consentement en matière de filiation. Si le couple est marié, la filiation s'établit comme pour tout enfant légitime. Pour un couple de concubins, les règles de la filiation naturelle sont appliquées. Ce mode de filiation interdit toute contestation de celle-ci. [...] Aucun lien de filiation ne peut être établi entre l'auteur du don et l'enfant issu de la procréation. » (Source : la chambre des notaires de Paris.)

12. Contrairement aux anciens préjugés, les causes de l'infertilité sont partagées presque à égalité par l'homme et la femme. Sur 100 cas, en moyenne : 30 impliquent et l'homme et la femme ; 25 relèvent d'un problème uniquement masculin ; 35 de la femme seule ; pour le reste la cause demeure inconnue. (Source : site www.doctissimo.fr : « Papa, maman, la PMA et moi ».)

sexuelle restent si souvent liées dans l'imagerie courante. Aujourd'hui, le diagnostic porte encore la trace de tous ces préjugés.

Cette stérilité étant nommée, désignée depuis peu, la plupart des hommes n'ont pas encore le recul nécessaire.

Dans la mesure où il n'y a pas de représentations culturelles, mythiques de la stérilité masculine, l'homme doit se débrouiller en grande partie seul pour affronter le deuil de sa fertilité. Il n'a pas à sa disposition de mots pouvant l'aider à décrire ce qu'il éprouve au plus profond de lui.

Or, précisément en lui, se joue une tempête littéralement dévastatrice, ce qui ne veut pas dire qu'il ne puisse rebondir. Le verdict de la stérilité masculine résonne comme une terrifiante castration, qui suscite angoisse, dépréciation de soi, dépressivité, dépression.

S'il ne sert même plus à « mettre sa petite graine » dans le ventre de sa femme pour lui faire un enfant, à quoi sert-il donc ? Le voilà privé du rôle – modeste mais essentiel – qu'il avait dans la conception de l'embryon. Quelle perte et quelle menace suprêmes pèsent sur lui : sa femme peut désormais se passer de lui pour faire un enfant !

Se sentant attaqué dans son identité sexuelle, dans sa position sociale, familiale, dans son existence même, il est particulièrement vulnérable. Sans doute bien plus encore que les femmes face à la stérilité.

Alors que les PMA satisfont tant bien que mal le désir des femmes d'« avoir » un enfant, l'IAD ne répond pas tout à fait au besoin des hommes, qui jusqu'à présent consistait pour beaucoup à vouloir, prioritairement, « faire » un enfant à leur femme.

Cette modalité d'aide à la procréation est en effet à double tranchant. Ce que propose la médecine, ce n'est pas une guérison, mais un subterfuge.

L'IAD est fondée sur un système d'exclusion et de remplacement successifs dans lequel le père a du mal à trouver sa place, sa fonction.

« Vos gamètes, monsieur, ne sont pas bonnes ? Qu'à cela ne tienne ! On les remplacera par celles d'un autre qui a eu la générosité d'en faire don. Vous serez père, mais votre femme portera en elle un embryon « fait » avec un étranger... et votre enfant, lui, portera le capital génétique du donneur... Allons, allons, souriez, la médecine vous offre une substitution, un artifice censé réparer votre déficience ! Ne vous souciez de rien, le donneur est écarté une fois pour toutes, il ne viendra rien réclamer. »

Cynique ? Non, il s'agit seulement de mettre en évidence les paradoxes de l'IAD. Elle répare, certes, mais sans vraiment restaurer, et surtout sans se donner les moyens d'apprécier comment l'homme, le couple vont pouvoir intégrer, métaboliser cet accès inédit à la paternité [13].

Paradoxe en effet, car, dans certains cas, pour protéger l'enfant d'éventuels risques génétiques portés par l'homme, on fait appel à des gamètes « extérieures » non indemnes de risques [14] !

Situation paradoxale aussi pour la femme. Supposée « fécondable », elle devient, « à cause » du mari, une patiente à traiter.

---

13. Est-ce cela qui explique le rendement un peu plus faible de l'IAD par rapport aux autres méthodes d'AMP ? Il y a 10 à 15 % de réussite par tentative, soit environ 50 % de grossesses après six tentatives.
14. Les mères sont un peu plus angoissées que la moyenne pendant leur grossesse. Elles évoquent la peur des malformations, d'une anomalie, soit à cause de l'« origine inconnue » du don, soit à cause de la conservation par congélation du sperme reçu. Ces femmes sont souvent un peu plus sujettes à des dépressions post-partum.

Ici, histoire de se renforcer encore davantage, il y a un véritable chassé-croisé de culpabilité. La femme peut culpabiliser de vouloir imposer à son mari sa volonté de maternité. Elle peut craindre que la présence de l'enfant ne soit un rappel constant de l'infertilité du père. Elle peut ressentir son intégrité physique comme une insulte faite au mari. L'homme peut culpabiliser de faire subir tout cela à sa femme.

Entre l'homme et l'enfant, entre le père et la mère plane toujours plus ou moins la présence de ce « corps » étranger, que représente le sperme du donneur. Étrangeté qui peut être fantasmée comme la gestation d'un enfant adultérin – enfant adultérin, qui plus est, fait avec l'accord du mari ! Comble de l'entendement !

Impossible d'éviter des relents de jalousie, de rivalité envers cet homme, présent, d'une certaine manière, dans le corps de la femme que vous aimez et de l'enfant qui sera le vôtre.

En fait, tout cela crée au sein du couple de profonds décalages. La femme vit une maternité quasi normale, alors que le père ne sait plus où il en est de lui-même.

Décalages qui pourraient être renforcés par les fantasmes parthénogénétiques des femmes, se croyant dans une position de toute-puissance, puisqu'elles ont éliminé le père et le donneur. Ces fantasmes inconscients pourraient renforcer encore davantage l'angoisse de castration des hommes.

Bref, une extrême vigilance s'impose de manière à ce que cette technique par ailleurs formidable puisse être vécue de la manière la plus satisfaisante pour tous.

C'est sans doute la méthode d'AMP la plus exigeante, parce qu'elle nécessite un profond remaniement des mentalités, et une ouverture à de nouvelles définitions de la paternité et de la filiation.

Papa, tu joues avec moi ?

La question du père est la question centrale de l'édifice de l'IAD. Elle en constitue la pierre angulaire.

Avant de se demander ce qu'on va dire à l'enfant, il est essentiel que le père se sente renforcé dans sa position paternelle. Sinon, on risque de transmettre à l'enfant toutes ces ambiguïtés, et le priver ainsi de repérage identitaire solide.

L'homme n'a plus besoin d'être le concepteur ni le géniteur pour devenir père. Il le devient par son désir, par son intentionnalité, par sa volonté, au sein d'un couple prêt à jouer l'aventure. Il choisit de s'occuper d'un enfant, de partager du temps avec lui, d'assurer auprès de lui une présence active, à côté d'une mère acceptant de lui laisser sa place.

Une fois le deuil de l'enfant biologique fait, une fois acceptée l'idée que la fonction paternelle ne se limite pas à un don de gamète, il peut élargir au maximum la qualité du lien avec l'enfant. Plus investi, il plonge dans l'univers de la paternité peut-être de manière plus responsable. En tous les cas son sens de la responsabilité s'exprime différemment, avec plus d'humanité parce qu'il va explorer des champs relationnels inédits pour lui. Il va assister, en toute conscience, à la conception de son enfant, accompagner la mère pendant toute la grossesse et ce, non pas pour répondre à une demande maternelle mais parce qu'il en a envie lui, tout simplement, en tant que père.

L'IAD pousse les hommes à se projeter comme père bien avant la naissance de l'enfant. Ils établissent des liens précoces avec l'enfant imaginaire, celui qui n'est pas encore né ; ils l'intègrent déjà à leur vie, à leur futur avant même que ne pointe son petit bout de nez. Les relations se tissent, déjà structurantes. Le père investit sa place geste après geste.

Nul doute, nous sommes dans une nouvelle logique de filiation. Et cette nouvelle logique constitue une attaque supplémentaire au modèle consanguin de la parenté. On n'a pas besoin d'être du même sang que son enfant pour établir une filiation.

Par rapport à l'adoption, ici on va plus loin dans la déconstruction des modèles. C'est un peu le concept de couple parental qui est remis en cause. Inutile en effet que les deux parents soient « logés à la même enseigne ». Un parent peut être biologique, l'autre social, la cellule qu'ils offrent à l'enfant n'en est pas moins apte à l'accueillir et l'élever dans les meilleures conditions. Cela ouvre sur la perspective de géométries parentales inédites, comme l'homoparentalité par exemple.

En tous les cas, les enfants nés grâce à une IAD démontrent qu'on peut avoir deux origines différenciées – biologique avec un parent, sociale avec un autre – sans que cela constitue un préjudice au développement[15].

Ainsi nos modèles traditionnels n'ont exploré qu'un infime potentiel de la filiation, et de la parenté. Le temps ici nous rattrape. Sur une période très courte sur l'échelle de l'humanité bien des bouleversements ont eu lieu en même temps, sans nous laisser le loisir de les assimiler, de les penser. Tout va très vite. Du coup les défenses idéologiques « classiques » risquent de resurgir, entravant les adaptations nécessaires. Tant qu'on regarde avec des critères anciens, dépassés, les transformations qui se font en temps réel sous nos yeux, on empêche qu'elles soient vécues de manière positive.

15. Les études – peu nombreuses encore, mais déjà significatives – ne montrent pas de différence de développement psychoaffectif ni psychomoteur des enfants IAD, par rapport aux autres enfants. À peine signale-t-on pour l'anecdote qu'ils seraient un peu plus voraces.

Que faudrait-il abandonner ?

La notion de consanguinité en usage en Occident pour désigner les parents n'a pas la portée universelle qu'on suppose.

« Il faut que nous prenions conscience de la singularité de la conception chrétienne, issue de l'Ancien Testament, selon laquelle l'homme et la femme par leur union sexuelle forment une seule chair. Dès lors, les enfants eux aussi sont chair de la chair de leurs parents. Cette vue est incompréhensible pour d'autres cultures [16]. »

Dans de nombreuses sociétés traditionnelles, comme les Inuits par exemple, ce que les parents « font » ce n'est qu'un fœtus. Il ne deviendra un enfant que lorsque le dieu Sila lui aura donné le souffle vital, il n'aura une identité que lorsqu'on lui donnera un nom venu d'un ancêtre, qu'il est censé refaire vivre, indépendamment de son sexe. Un enfant naît à partir du moment où il est inscrit dans l'ordre cosmique, spirituel, sociétal de son groupe. Ce qui fait de l'enfant un être humain, c'est tout ce qui transcende « la chair et le sang » de ses parents.

L'enfant est donc le « produit » de représentations idéologiques fortes et puissantes, et ce faisant, il est perçu comme intégré à l'« ordre naturel ».

Aujourd'hui, dans nos sociétés occidentales contemporaines, la paternité ou la maternité non seulement peuvent se passer du biologique [17], mais en plus la science permet de « forcer » une

16. M. GODELIER, *Métamorphoses de la parenté*, Fayard, 2004.
17. L'expérience des mères porteuses relève de cette logique. Interdite en France, mais autorisée dans de nombreux pays d'Europe, on suppose qu'environ 400 Françaises en bénéficient chaque année, en traversant les frontières, malgré le vide juridique vertigineux.

nature peu généreuse, en donnant un enfant à des individus stériles ou infertiles.

Ces deux modalités – répétons-le, totalement inédites depuis le début de l'histoire de l'humanité – pourraient à première vue renforcer l'idée que la procréation artificielle s'oppose à l'ordre naturel.

Mais ces registres s'opposent-ils vraiment ?

« La procréation artificielle n'est pas une injure à l'ordre naturel » explique Marcela Iacub.

Quand, par exemple, nous reculons l'espérance moyenne de vie, que nous soignons ou éradiquons des maladies hier dévastatrices, parle-t-on d'injures à l'ordre naturel ? Ne ferait-on pas appel à l'ordre naturel quand on ne peut plus penser l'ordre social ?

Ce qui me semble effectivement poser problème, c'est notre difficulté à penser des transformations qui nous prennent sans cesse de court. Ce qui fait défaut, c'est l'absence de représentations collectives qui puissent faire sens pour tous. La parenté a toujours été sociale, peut-être même avant que d'être pensée comme biologique. Le patricien romain était celui qui avait l'autorité. Aujourd'hui, le groupe n'inscrit plus un individu dans un ordre cosmique, religieux. Cette liberté ainsi acquise impose la nécessité de penser sa vie, sa place, celle de ses enfants, celle de sa parenté et de sa filiation. Mais nous sommes bien peu préparés à ce travail qui ne va pas tarder à tarauder nos adolescents.

Indépendamment des options religieuses, propres à chacun, nous pouvons cependant déjà apprendre à articuler les différents niveaux qui composent la parenté, en mettant en évidence leur complémentarité.

Il n'y a pas *ou* le donneur, *ou* le père social, il y a *et* le donneur, *et* le père social, dans une logique non concurrente et additionnelle.

La parenté n'est plus une entité entière, unique et indivisible, mais est constituée d'acteurs intervenant à des moments successifs et interdépendants.

Constater l'enchaînement des besoins qui se complémentarisent et s'additionnent est important : un homme qui restera inconnu a eu besoin de donner quelque chose de lui, ce don a permis à un couple d'avoir un enfant, cet enfant reconnaîtra l'homme qui l'élève comme son père. Le donneur a besoin de receveur. Le père a besoin du donneur. La mère a besoin du consentement actif du père. L'enfant a besoin de la convergence de tous ces désirs pour exister.

Or, ne sommes-nous pas ici en plein cœur de la définition de la pensée des origines pour un enfant ? Qu'est-ce donc, si ce n'est sa capacité à concevoir les fils, trames, écheveaux, filières des multiples liens dont il est issu, qui lui ont permis d'exister.

« La pensée des origines est un processus. Elle constitue un soutien, un tissu sur lequel pourront se dessiner des origines différenciées. Elle garantit l'identité et la continuité [18]. »

Ainsi ces origines, aussi complexes soient-elles, ne sont pas incompatibles avec une pensée constituante de l'enfant comme sujet, au contraire elles y participent activement. Encore faut-il suffisamment se familiariser avec la pensée de la complexité.

En attendant, messieurs, oui tout reste à inventer. La nostalgie n'est plus de mise. Inventez, inventez, il en restera toujours quelque chose. Libérez-vous, libérez-nous des arcanes idéologiques du passé.

---

18. P.-C. Racamier, *Le génie des origines*, Payot, 1992.

En effet, il me semble que ce qui est en train de se transformer avec les diverses PMA a des conséquences sur l'ensemble des comportements parentaux, et paternels notamment, qu'ils aient ou non bénéficié de cette assistance. Ces changements imposés aux nouveaux papas me semblent plus « justes » que ceux exigés par les revendications féministes et sexistes, et plus spontanés.

Depuis quelque temps, j'observe, parmi les trentenaires, les prémices prometteuses d'un nouveau modèle de pères. Très proches de leur enfant, ils établissent des liens complices, ils introduisent du jeu, du ludique dans un quotidien quelquefois un peu « chaud ». Sans être le copain, ils apportent quelque chose de plus léger par rapport aux exigences des mères. Ils ne confondent pas pour autant les différences générationnelles, ils ne perdent ni leur fonction d'autorité ni celle de support identificatoire. Les interactions mère-père-enfant sont plus souples, moins rigides.

Bref, ils sont sortis du modèle d'assistant maternel dans lequel on les a confinés quelque temps et où ils devaient faire ce que leur demandaient les mères – déclarées seules expertes en la matière. Désormais, ils commencent à oser être eux-mêmes. Ils s'affirment dans leur différence ; ils n'hésitent pas à prendre des initiatives. Et ô bonheur ! Ils éprouvent un réel plaisir à être père. La jouissance des pères libres, enfin !

Miracle – oui, il y a aussi des papas miracles – ils se révèlent experts en matière d'enfants... Ce n'est plus une exclusivité féminine. Voilà une bonne nouvelle.

Tiens comme c'est bizarre. Ils n'ont eu pourtant qu'un rôle infime dans la conception, ou alors est-ce justement grâce à cela ?

La valeur paternelle et parentale ne doit pas grand-chose au biologique !!!

Papa, maman, vous me racontez comment vous m'avez fait ?

Avant de revenir plus concrètement aux enfants, et à la question qui nous préoccupe tout au long du parcours que nous effectuons ensemble, demandons-nous pourquoi les parents IAD ont besoin à un moment donné de garder le secret. Cela nous éclairera sur l'attitude à adopter par rapport aux chérubins.

Les équipes pratiquant cette méthode d'aide à la procréation ont constaté qu'il fallait en moyenne deux ans entre le diagnostic et une demande d'IAD. Temps nécessaire pour établir un bon niveau de communication dans le couple. Deux ans pendant lesquels le couple hésite, évolue, mûrit, discute.

L'IAD, épreuve pour le couple, peut aussi le cimenter.

Deux mots clés y participent : confiance et respect.

L'IAD sollicite de la part des deux parents un capital confiance important.

La femme fait confiance à son compagnon quant à sa capacité de prendre sa position de père. L'homme fait confiance dans la manière dont elle va concevoir l'enfant, le porter comme le sien, lui laisser sa place de père.

Il y a comme un nécessaire abandon de pouvoir respectif. Déjà le donneur avait abdiqué toute revendication. Le père ne peut voir en l'enfant la manifestation de sa puissance paternelle. La mère doit renoncer à jouer la carte du tout maternel, de la toute-puissance dévoratrice.

L'enfant n'est plus cet objet autour duquel se noue un jeu de pouvoir. Sa place se transforme donc. Il est moins objet-enjeu.

Et si c'était cela la véritable révolution de l'IAD : permettre à chacun d'abandonner sa volonté de pouvoir, et de possession de l'autre ! À suivre...

Du coup, le mutuel respect s'installe, sans crier gare ; respect de la place de l'autre et aussi respect de la souffrance de l'autre.

On comprend que cela demande du temps !

Méfions-nous des résolutions apparemment rapides, et bien ficelées. Cela peut être l'effet du refoulement massif des problématiques qu'un homme, qu'un couple ne peut aborder. Il se rabat sur l'idée que « oh, finalement ce n'est pas grand-chose », avec une tendance à se représenter l'IAD sur un mode « opératoire », comme un anodin processus médical. La banalisation trop vite désaffectisée peut être le signe du déni de castration symbolique, et de tout soubassement psychoaffectif de la filiation.

Du temps est nécessaire, mais aussi une certaine forme d'isolement qui peut conduire au secret.

Dans une fâcheuse tendance au manichéisme, on a traversé une mode du « tout révélation », en criant haro sur les secrets, en les taxant de pathogènes sans discrimination, en oubliant qu'ils pouvaient aussi avoir un rôle positif dans le fonctionnement psychique.

L'enfant, par exemple, construit son espace intérieur en forgeant des secrets. Le secret favorise un travail psychique de séparation[19]. C'est pour lui une manière de distinguer, différencier ce qui est à lui, et ce qui est aux autres. Cela permet l'articulation de l'individuel et du collectif, du dedans et du dehors.

19. « Secret » vient du latin *secretum* pour ce qui est du nom commun, et de *secretus* pour ce qui est de l'adjectif, lequel est le participe passé de *secernare,* verbe qui signifie « séparer, mettre à part, passer au crible », signification qui évolue vers : « discerner, distinguer le vrai du faux... »

Constituer des secrets participe à la construction de son autonomie. Il apprend ainsi à faire obstacle aux intrusions externes, maternelles, fraternelles, ou autres.

Ce qui compte, c'est l'acte même de séparer, discerner, faire le tri, qui constitue un choix délibéré, évolutif, conscient.

Quelle fonction peut avoir le secret pour un couple IAD ?

Le choix de se taire est souvent motivé par la crainte du rejet social et/ou familial. L'homme a besoin de se protéger du regard des autres, qu'il suppose condamnant, jugeant. La femme ne veut pas exposer son compagnon trop vulnérable et fragilisé pour le moment. Tous deux craignent pour leur enfant : si l'entourage percevait leur fils, leur fille comme un(e) bâtard(e) ?

On est dans un système de coprotection mutuelle.

Le « ne rien dire » touche au pacte narcissique entre l'individu et le groupe.

Constituer un secret au sein du couple permet d'en préserver et renforcer la cohésion. On se tient au chaud, blottis l'un contre l'autre autour de cette énigme connue des deux seuls parents. On partage au moins cela ! Le secret tient ensemble le couple.

Utile, voire indispensable temporairement, il risque cependant, en durant trop longtemps, de changer de fonction.

L'entente du couple ne cache-t-elle pas des conflits latents, non explicites ?

Derrière le « cela ne concerne que nous », peut s'organiser un déni des conflits sous-jacents. Le silence peut aussi bien permettre au père d'éviter le deuil de sa fécondité... dans une attitude où on fait semblant que « tout fonctionne ».

À force de dépenser beaucoup d'énergie à maintenir le secret, on peut se demander s'il demeure un choix éclairé du couple ou le symptôme d'un vécu non élaboré.

Suffit-il de « ne rien dire », de croire que l'oubli, le refoulement pourront faire disparaître ce qui est vécu encore comme un traumatisme ?

Parler, c'est se mettre à nu, casser les protections dont on avait besoin. Le dévoilement du secret est une déliaison de ce qui tenait le tout jusqu'à présent.

Mais se taire, c'est se fermer, ne pas sortir du vécu traumatique.

Et au bout d'un moment, secret ou pas secret, ce qu'on risque de transmettre à l'enfant, dans le silence de l'inconscient, c'est justement cette humiliation dont on n'arrive pas à se défaire. Car tant qu'on imagine que les autres nous jugeront mal, tant qu'on craint le regard des autres, c'est qu'on se condamne encore soi-même, c'est qu'on n'a pas encore tout à fait dépassé sa culpabilité. Avoir besoin du secret, c'est porter en soi encore une honte inavouable.

Il n'est pas nécessaire de parler du contenu du secret pour que suintent de toutes parts les affects qui y sont attachés. Que l'on se taise ou que l'on parle, c'est ce malaise que l'enfant va recevoir.

Du coup on pensait protéger l'enfant, on le fragilise. Il se trouve hanté, porteur d'un sentiment de honte qu'il s'attribue inévitablement, et qui l'habite comme un fantôme. Est-ce lui la faute inavouable ? Qu'a-t-il fait ? Et ces sourdes questions sans réponse le minent, de manière bien plus troublante que la révélation explicite.

Savoir garder un secret, et savoir en sortir constituent les deux aspects d'un psychisme dynamique, souple.

De plus, le couple pourrait choisir ce qu'il veut si cela ne concernait que lui, mais là, en l'occurrence, le corps de l'enfant en est le dépositaire.

Il se trouve exclu de quelque chose qui est à la genèse de sa vie. Il est le sujet concerné et en même temps tenu à l'écart d'une information concernant sa propre filiation. Une part infime de lui, de son identité est attachée au don originel. Garder le secret c'est séquestrer une part de ce qui appartient en propre à l'enfant. C'est bloquer l'accès à ce qui le rend unique, singulier, original.

Et puis peut-on prendre le risque qu'il apprenne cela par inadvertance ?

Par exemple, au hasard d'une analyse de sang révélant qu'il n'a pas le même groupe sanguin que ses parents, ou à la découverte d'une éventuelle maladie génétique... quel sentiment de trahison, bien plus préjudiciable que le contenu du secret lui-même !

Comme on le disait un peu plus haut, le secret est une force qui pousse vers son extériorisation, donc quelles que soient les précautions des parents, nul ne peut garantir que l'enfant, ou l'adolescent, ou le jeune adulte ne se retrouve un jour face à une levée du secret intempestive, donc violente et encore plus difficile à assimiler.

Révéler, oui, mais comment ? Rassurez-vous, vous allez encore pouvoir prendre du temps pour vous y préparer. Car il ne s'agit pas de dire pour dire, mais de raconter ce qui est utile à l'enfant. Avant l'adolescence, ou la pré-adolescence, tant qu'il n'a pas suffisamment de maturité, de connaissances, ce que vous raconterez sur le donneur, l'homme qui a donné une petite graine à sa maman, risque d'être plus source de perturbation et de confusion qu'éclaircissement. Étant encore trop dans l'imaginaire, dans le fantasmatique, il aura du mal à intégrer ce dont il ne peut encore mesurer la portée. Il n'en éprouve pas réellement le besoin. Inutile d'aller au-delà de ce qu'il lui est nécessaire.

Avant l'âge de douze-treize ans, il semble difficile de parler en détails de l'IAD. Par contre, vous pouvez commencer à parler des différentes formes de PMA, lui dire que vous avez dû en bénéficier... mais cela vous savez faire...

5

« Mes deux mamans dorment ensemble »

Tu en as déjà vu des animaux comme celui-là ?

Au fur et à mesure que Nina, sept ans, dessine, un animal unique au monde prend forme.

Un animal imaginaire : corps de cheval, oreilles de chien, trompe d'éléphant, pattes de gazelle, sabots de cochon, queue en plumes d'oiseau, petites cornes de Bambi...

Bien établie sur le sol, cette créature étrange au sourire heureux est entourée d'autres animaux plus « classiques » dirons-nous. Elle semble trôner au milieu d'eux. La clairière dans laquelle tout ce petit monde s'égaie est lumineuse. Des fleurs multicolores tapissent le sol et ornent les arbres. Le soleil brille.

Hybride, ou plutôt mixte et pluriel, cet animal associe, sans confusion, les diverses qualités des différentes bêtes qui le composent. Nina me raconte en effet qu'il est intelligent comme un cheval, vif et futé comme un chien aux aguets, habile comme une trompe d'éléphant, rapide comme une gazelle, familier comme un cochon, léger et libre comme un oiseau, capable de se défendre comme un jeune cerf majestueux.

Cet animal, somme toute très élégant, dégage une véritable harmonie. Une unité indéniable permet à tous ces morceaux hétéroclites de tenir ensemble et laisse paraître une assise et un équilibre évidents.

Pendant le temps du dessin, je me contente de respecter la plénitude de l'expression. Ce moment me semble être un de ces moments exceptionnels, où le patient, se sachant reconnu, est libre d'accomplir ce dont il a besoin psychiquement.

Surtout se taire devant cette singularité qui se lève. Et accueillir tout entier cet être qui s'étonne de ce qu'il est, se découvre, se savoure, se révèle au cœur d'une interaction qui lui en donne les moyens.

Nina vient de représenter, en y prenant un grand plaisir, l'image inconsciente qu'elle a d'elle-même. Elle vient de donner forme à ce qu'elle vit et sous mon regard attentif, émerveillé, elle a ordonné quelque chose qui avait dû être, aurait pu être un sentiment de morcellement.

« Tu en as déjà vu des animaux comme celui-là ? me demande Nina.

– Non, il est superbe ! »

Qu'est-ce qui donne à Nina ce sentiment précoce d'étrangeté ? Accéder à la conscience de sa singularité, c'est intégrer cette part d'étrangeté qui nous habite. C'est accepter de se laisser surprendre par cet inconnu de soi, véritable espace de liberté et de créativité. Pourquoi cela surgit-il si tôt chez cette enfant de sept ans ?

Ce dessin fait suite à l'entretien que j'avais eu, quelques instants auparavant, avec elle et sa maman. Une femme d'une petite quarantaine, vive, qui consultait pour savoir si tout allait bien pour Nina.

Pourquoi donc cette maman, qui n'a pas l'air particulièrement anxieuse, a-t-elle besoin d'amener chez une psy sa petite fille, belle à ravir, pétillante, apparemment bien dans sa peau ?

En posant les questions classiques sur l'histoire familiale, je commence à comprendre. La maman m'explique qu'elle a adopté Nina, en tant que célibataire. Elle-même n'a plus de contacts avec ses parents, mais Nina a néanmoins des grands-parents « de cœur », chez qui elle passe des vacances. N'ayant ni oncle ni tante « de sang », Nina a cependant des parrains, qui s'occupent d'elle régulièrement. « Ils assurent une présence masculine » ajoute la maman, comme pour se justifier.

« Et puis Nina a une petite sœur de cinq ans, poursuit-elle. Oui mais sa maman ce n'est pas moi, c'est sa tata.

– Ah bon ?

– La tata de Nina a aussi adopté une enfant du même pays que Nina.

– Mais cette tata, c'est...

– Oui, c'est la tata de Nina.

– Oui, mais c'est votre amie ?

– ...

– Cette amie, vous vivez avec elle ?

– Oui », répond enfin la maman, soulagée de pouvoir dire ce qu'elle a encore du mal à révéler. « Nous ne sommes pas pacsées, mais on y pense surtout pour les enfants.

– Que dites-vous à Nina ?

– C'est le problème. Pour l'instant, on n'a rien nommé vraiment. Les fillettes nous voient vivre ensemble, mais on ne sait pas ce qu'elles pensent, ni comment elles le ressentent. »

Pendant tout cet échange Nina ne dit rien. C'est une fois seule avec moi qu'elle dessine son merveilleux animal.

Nina est donc élevée par un couple de lesbiennes, chaque maman ayant adopté une fillette. Les deux enfants sont élevées comme des sœurs, et se reconnaissent comme telles. La mère de Nina est plus ou moins en rupture avec sa propre famille d'origine qui n'a jamais accepté son homosexualité. Mais elle a fait en sorte que Nina ait un papy et une mamy « de cœur ». Un couple de gays fait office de parrains.

Cette famille en « kit », dans laquelle les liens de sang n'ont pas grand-chose à voir avec les relations d'affection, ni avec les fonctions symboliques que chacun exerce, semble apporter à Nina ce dont elle a besoin. Les liens s'organisent autour des désirs de chacun, autour de choix électifs apparemment constants et solides dans le temps.

Et tout cela semble tenir pour Nina ! En tout cas, elle s'y retrouve. Son dessin l'exprime – de manière encore plus fiable que dans des discours qui risquent d'être convenus. La suite du travail confirmera qu'elle a une bonne et solide image d'elle-même, qu'elle se repère très bien dans cette famille reconstituée.

Loin de moi l'idée d'en conclure que les enfants de parents homosexuels[1] sont tous aussi épanouis que cette fillette. Je n'ai qu'un regard clinique et ne prétend pas avoir une approche sociologique et représentative. Mon objectif est d'interroger, de manière dédramatisée, une réalité qui me semble soulever des questions essentielles, qu'un débat passionnel ne permet pas toujours d'aborder.

Les questions que l'homoparentalité posent, comme celles des PMA, concernent l'ensemble des individus, qu'ils soient ou non directement impliqués. On peut être attaché pour soi-même à une forme plus traditionnelle de structure familiale, cela n'empêche pas la réflexion.

1. Selon les chiffres de l'APGL – Association de parents gays et lesbiennes – 200 000 enfants seraient élevés en France dans le cadre de 100 000 familles homoparentales.

L'homoparentalité n'est pas contagieuse, elle ne s'attrape pas, elle ne contamine pas.

Il me semble que l'homoparentalité met en évidence, rend explicite les véritables lames de fond qui bousculent de manière irréversible les socles ancestraux de la parentalité et de la filiation.

Pour penser le monde de demain, celui de nos enfants, les aider à y trouver leur place, on ne peut faire l'économie d'un débat le plus ouvert possible, le plus éloigné des *a priori*, ou préjugés.

Les différentes études effectuées à ce jour constatent que les enfants élevés dans des « homofamilles » ne vont ni plus mal ni mieux que les autres. Cela confirme un constat établi solidement : aucune structure familiale quelle qu'elle soit ne constitue une garantie pour le développement de l'enfant. Un enfant peut être considéré comme un objet, ou alors comme un sujet, dans sa dignité d'être humain aussi bien dans une famille traditionnelle, recomposée, monoparentale, homoparentale. Ce qui prime, c'est la qualité du lien entre un enfant et un parent, le respect mutuel. Un parent n'est parent que quand il se comporte comme tel, quel que soit le mode de filiation. Et un enfant reste un enfant qu'il soit élevé par une femme seule, un couple hétéro, homo, auprès de la nouvelle femme de son père. Il aura les mêmes jeux, les mêmes joies, les mêmes inquiétudes. Ce qui ne veut pas dire que chaque situation familiale ne pose pas un certain nombre de problèmes[2].

Retrouvons donc Nina, si vous le voulez bien.

---

2. Jusqu'à ce jour, peu d'études réalisées en France. Depuis dix ans que le débat est engagé l'État n'en a financé a priori aucune. La seule citée est une thèse de doctorat de S. Nadaud, menée sur 58 enfants de 4 à 18 ans et qui conclut que l'homoparentalité ne semble pas constituer, en soi, un facteur de risque pour les enfants. Ce qui rejoint la conclusion de nombreuses études « sérieuses » faites aux États-Unis, par des pédiatres et des psychiatres. 1 million d'enfants seraient élevés par des parents de même sexe.

On joue à l'arche de Noé

À la seconde séance, Nina abandonne les crayons pour explorer les jeux. Elle repère très vite une arche de Noé en bois, garnie d'animaux. Elle les regarde un par un et les place par couple, à la queue leu leu, prêts à entrer dans l'arche sous l'œil protecteur de Noé et sa femme.

« Regarde, me dit-elle, il y a le papa lion, la maman lionne ; le papa canard, la maman cane... ainsi de suite.

– Ah oui, et que font-ils ?

– Eh bien, ils se mettent à l'abri avant le déluge.

– Et pourquoi ils vont par deux ?

– Pour faire des bébés, après le déluge il faudra bien repeupler la terre. »

Suis-je bête !

Vogue l'arche sous la tempête !

Au bout d'un moment Nina s'en détourne, et s'intéresse à d'autres animaux. Elle en choisit deux : « C'est le papa et la maman, ils vont chercher leur bébé. »

Mais quelles terribles aventures les attendent ! Ils sont attaqués de toutes parts par des monstres.

Alors qu'ils sont proches du but, un mage surgit au sommet d'une montagne, les parents doivent répondre aux énigmes posées d'une voix tonitruante par le sorcier, sous peine d'être renvoyés chez eux. Le mage est redoutable...

Il faudra bien trois ou quatre séances d'épreuves pour que les parents rejoignent enfin leur bébé si attendu. Au fur et à mesure que les aventures progressent, Nina parle de « parents » sans préciser le sexe de chacun d'eux.

Ils rentrent chez eux – ouf, il était temps. Mais là, autre chose va se jouer. L'enfant est attaqué et dévoré par un crocodile – représentation de la grande sœur qui ne veut pas laisser sa place ? La lutte est sanglante.

Séance suivante, l'ambiance est plus calme. Tout rentre dans l'ordre. La famille est réunie, la fratrie apaisée. Nina joue alors avec de véritables personnages humains, style Playmobil. Les enfants vont à l'école. Les deux mamans, cette fois-ci, sont nommées ; elles vont les chercher. L'une fait les courses, l'autre s'occupe des devoirs... l'une fait à manger, l'autre baigne les enfants.

Autour de la famille la ville est animée. Un bus transporte des passagers et les conduit un peu partout. Tiens voilà des papys et mamys, des tontons qui viennent pour fêter un anniversaire. La vie, quoi !

On peut faire l'hypothèse que les jeux de Nina expriment tout à la fois ses questions et lui offrent la possibilité d'effectuer les réaménagements intérieurs nécessaires.

Première question : de quel couple suis-je née ?

Le fait d'appartenir à une famille homoparentale ne rend pas hermétique au modèle biologique. La manière dont Nina aborde l'histoire de l'arche de Noé en témoigne.

Elle sait – et elle est assez à l'aise avec cela pour en jouer – qu'il faut un papa et une maman pour faire un enfant, que les couples de mamans ne peuvent pas à elles seules avoir un bébé. Sans doute avait-elle besoin que cela soit nommé explicitement.

Alors comment suis-je arrivée ici ? se demande-t-elle.

Elle a bien pressenti les galères traversées par sa mère. Ce qui ne l'empêche pas d'établir le récit de ses origines, mêlant fantasmes et bribes de vérité.

Nina a eu de la chance, car sa filiation adoptive a toujours été claire, et identifiée. Les origines biologiques ne sont pas toujours aussi clairement distinctes.

Il y a cinq situations d'homoparentalité. 1- les parents hétérosexuels sont devenus homosexuels – ce sont les situations les plus nombreuses. Si les juges accordent fréquemment des droits de visite et droits de garde au parent homosexuel, il arrive encore que ce dernier soit écarté en raison de son orientation sexuelle. 2- l'adoption par un célibataire, majoritairement le fait des femmes. 3- la coparentalité : un homme s'entend avec une femme. Après une insémination « artisanale » faite maison, la mère donnera naissance à un enfant reconnu par son père biologique. Chaque parent biologique vivant sa vie séparément, l'enfant peut être élevé par ses deux papas, et ses deux mamans. 4- l'IAD. Un couple de femmes se rend dans les pays qui l'autorisent. Seule la femme qui porte l'enfant est la mère. 5- une mère porteuse. C'est la façon pour un homme d'avoir un enfant. Il peut donner son sperme à une femme qui le porte et renonce à tous droits sur l'enfant.

Les filiations sont donc diverses et ne posent pas toutes les mêmes difficultés.

Dans le cas de coparentalité, une pluriparentalité se met souvent en place, il peut y avoir – il est important qu'il y ait – une assez rapide visibilité des origines de l'enfant. L'enfant peut y trouver ses repères identitaires et affectifs. La question est alors une question de rythme de passages d'un foyer à un autre, de répartition du temps entre les moments passés chez les mamans, et ceux passés chez les papas.

Quant aux enfants issus de précédentes unions hétérosexuelles, leurs origines sont repérables, mais ils traversent des zones de turbulences patentes, liées aux souffrances parentales et à leur propre système de représentation. La nouvelle orientation sexuelle du parent homo constitue un véritable séisme pour l'autre membre du couple, profondément bouleversé dans son image de soi et dans son identité sexuée. Comment ai-je pu vivre avec quelqu'un qui n'était pas celui ou celle que je croyais connaître ? Qui donc ai-je aimé ? Avec qui ai-je fait l'amour ? Le « qui donc est-il » renvoie au « mais qui suis-je donc ? »

Le parent homosexuel, de son côté, est terriblement tiraillé. Bien souvent, il peut continuer à éprouver de l'affection pour son ex, il ne le/la quitte pas parce qu'il ne l'aime plus, mais parce qu'il a envie de réaliser quelque chose qu'il a longtemps réfréné. Le choix s'impose désormais, mais toute une partie de soi, de sa vie reste attachée à l'histoire du couple.

L'enfant est plus ou moins pris par tous ces affects souvent massifs. Il doit vivre le deuil du couple parental, tout en restant dans des non-dits quant à la raison de la séparation. L'homosexualité du parent a tellement de mal à être révélée.

Ce non-dit arrange pour un temps tout le monde. L'enfant pressent quelque chose qu'il n'est pas pressé d'entendre explicitement. Il s'organise pour croire ce qu'il a besoin de croire. Il lui faudra du temps pour intégrer cette nouvelle donne familiale. L'orientation sexuelle de son parent homosexuel constitue quand elle se dévoile, ne serait-ce qu'un peu, comme une déprogrammation pour l'enfant, qui doit réorganiser son logiciel interne.

Ne rien voir en face, c'est aussi pour l'enfant, une manière de préserver en lui l'image interne du couple parental. Il est utile – me semble-t-il – de ne rien précipiter, tout en se préparant à parler bientôt, avant que cela ne devienne un véritable secret, qui serait alors préjudiciable et pour l'enfant et pour les relations parent-enfant.

L'enfant peut, aussi, avoir envie de protéger ses parents, notamment celui qui a tant de mal à faire son *coming out*, mais aussi l'autre parent, celui qui ne comprend pas ce qui lui est arrivé. La petite fille ou le petit garçon perçoit bien que son parent homosexuel n'est pas encore tout à fait prêt à se dévoiler, il pressent les craintes, les résistances familiales.

Surtout, ne pas laisser l'enfant s'enfermer dans une position de protecteur de son père ou de sa mère !

J'observe souvent que ces temps de non-dits permettent un rapprochement notoire entre le parent et l'enfant.

On ne dit rien explicitement, mais il se passe beaucoup de choses importantes sur le plan relationnel. Quelque chose est agi. Se met en place un tissu de liens, les relations se consolident, et cela ne peut que servir de point d'appui, de base à la révélation ultérieure.

La filiation homoparentale la plus délicate, c'est celle constituée par IAD ou par une procréation pour autrui (mère porteuse). Le risque, c'est d'éliminer ou d'occulter la part de l'« autre ». Deux mamans peuvent exclure toute référence au donneur, remisé à une place d'étalon. Ou deux papas peuvent rendre le ventre de la mère porteuse tout à fait opératoire. Il est essentiel de réintroduire la part du don. Souvent ces attitudes sont d'autant plus gênantes et dommageables qu'elles sont l'expression de « règlements de compte avec l'autre sexe ». On réfute le sexisme ambiant et stigmatisant mais on en construit un à l'inverse.

Si le tiers « nécessaire » à la conception est exclu – ni nommé ni identifié au moins verbalement –, si une place ne lui est pas faite au moins psychiquement, il manque à l'enfant un élément du puzzle constituant son origine. Ses repères sont plus difficiles et en quelque sorte bancals. Pour qu'un enfant puisse construire son identité sexuée, il faut qu'il puisse reconnaître sa double filiation, qu'il puisse reconnaître la part des différents acteurs lui ayant permis de naître.

Autant avec les enfants issus d'une IAD et élevés au sein d'une famille hétérosexuelle, il n'y a pas d'urgence à en parler, autant là l'absence du tiers est criante. Le secret risque d'être déstabilisant pour l'enfant, qui pressent bien que quelque chose lui échappe.

« Mes parents n'ont pas pu me faire eux-seuls, d'où suis-je issu ? » Le mystère est entier et brouille les cartes de l'enfant. La petite fille ou le petit garçon doivent pouvoir dire : mon géniteur, c'est le papa avec qui je vis, et ma génitrice c'est la maman qui vit en Angleterre, par exemple.

Ce qui est préservé dans cette reconnaissance du tiers, c'est en fait l'altérité. C'est toujours avec la part d'un autre qu'un enfant peut naître.

Qu'est-ce qu'elles font les mamans dans le lit ?

La deuxième question de Nina : Quelle est la sexualité de mes parents ? Si maman et tata ne sont pas ensemble pour faire des enfants, alors que font-elles ?

Ce que fantasment les enfants à propos de la sexualité des parents les aident à élaborer la leur.

En effet, pour Geneviève Delaisi de Parseval, « l'identité de l'enfant se forme dans le creuset de la vie psychique, relationnelle et sexuelle des parents qui sont responsables de lui et l'élèvent. Si ses parents ont peu ou pas de relations sexuelles, cas de certains couples hétérosexuels (ou monoparentaux), il aura du mal à construire son identité sexuée[3]. »

Ce qui aide, entre autres, l'enfant à structurer sa sexualité, c'est d'imaginer que ses parents ont une vie sexuelle réelle et si possible épanouie. Si cela fait partie du territoire inaccessible et interdit pour l'enfant, celui-ci cependant ne va pas se gêner pour la fantasmer. À partir de cet interdit « à aller voir », et de ces fantasmes, il va se projeter comme futur être sexué, c'est-à-dire avant tout désirant, désirant un autre. La sexualité est alors

---

3. G. Delaisi de Parseval.

perçue comme ce mouvement irrépressible vers l'autre, comme une « sortie » de soi riche et nécessaire.

Ce que les enfants découvrent dans les familles homoparentales, c'est la dissociation entre sexualité et engendrement. Ils sont élevés dans cette évidence-là.

Évidence qui ébranle des siècles de tradition.

Depuis le milieu du XXe siècle, la contraception a permis de séparer le plaisir du corps et la fonction de reproduction. La sexualité devient une affaire privée, on se dédouane d'« avoir à donner un enfant » à la société, à la famille, au groupe. Le credo de ces décennies de contraception, c'était « Un enfant quand je veux ».

Aujourd'hui, les nouvelles formes de procréation viennent ouvrir davantage le choix : c'est « Un enfant quand je veux, avec qui je veux ». Le biologique n'est plus un frein. La place de l'enfant est pensée, envisagée à partir du désir d'enfant. Il légitime les diverses formes de parentalité. Être mère, être père, n'est-ce pas avant tout élever un enfant, lui apporter ce dont il a besoin ?

La demande homoparentale émerge dans ce contexte là, c'est-à-dire à un moment où l'évolution scientifique la rend possible. Car nulle part, dans aucune société jusqu'à présent, cette demande n'avait pu apparaître. Si elle vient bouleverser les données anthropologiques, c'est que les progrès de nos connaissances et de nos techniques ont permis à cette demande de se forger et d'exister concrètement, réellement.

L'homoparentalité met à nu les questions de fond qui se posent à tout un chacun et bien au-delà de la seule dimension morale. Qu'est-ce qui fonde désormais les liens de parenté ? Qu'est-ce qui structure la dimension éthique des relations entre individus à l'intérieur d'une famille et à l'extérieur, puisque le mot d'ordre, c'est le désir ?

Désir de quoi ? Désir autocentré, désir de se faire plaisir ? Désir de partage, de transmettre, de construire, de fonder un lignage, de créer du temps et de l'histoire ? N'y a-t-il qu'une dimension de désir derrière tout cela, ou quelque chose de plus fort encore ?

Dans une société de l'éphémère où zapper est devenu un mode de vie, l'enfant représente sans doute un garant de la durée, de la continuité. Il vient apaiser, un tant soit peu, notre angoisse existentielle, en « prolongeant » quelque chose de nous. Avoir un enfant, c'est s'engager à l'aimer toute notre vie, c'est en tous les cas être certain d'avoir toujours peur pour lui, quel que soit son âge ! Face à la précarité des liens sociaux, amoureux, professionnels, il nous introduit dans une expérience de permanence.

Cette question de la sexualité de sa maman amène Nina à en poser une autre. À quelle histoire j'appartiens ? Qu'est-ce que je partage en commun avec ma mère, ma sœur, ma tante, même si nous n'avons pas la même origine biologique ? D'où vient cette famille bien singulière dans laquelle j'évolue ? Elle ne vient pas du néant, c'est sûr. Avant moi, qu'y avait-il ? Serions-nous tous des survivants du déluge ? En un mot quel est notre socle symbolique commun ?

Comme un arbre qui va chercher l'eau en profondeur quand elle fait défaut en surface, l'enfant va puiser dans l'histoire mythique les racines symboliques dont il a besoin pour grandir. Il trouve dans la vaste mémoire de l'humanité des repères qui vont l'aider à construire le roman de ses origines, le roman de son origine familiale.

Par là même il donne du sens à ce qu'il vit, il organise son vécu épars, hétéroclite en une réalité psychique intégrable, cohérente au moins pour lui et dans laquelle il peut se reconnaître.

Il donne, imaginairement, à sa famille une mémoire, un passé. Il façonne son histoire, un conte dans lequel il distribue les rôles comme il l'entend.

Pour Nina, le problème était de se situer par rapport à sa petite sœur. On est sœurs mais on n'a pas la même origine, on n'a pas la même mère.

On peut penser qu'en mettant en scène les batailles qu'ont dû avoir les mamans pour les adopter l'une et l'autre, elle trouve des zones de partage, des points communs susceptibles d'intégrer cette sœur dans l'histoire familiale.

En tous les cas, ce que dit Nina dans son jeu avec les animaux, c'est la force du couple parental.

Leur espoir a su résister aux monstres, à la figure de l'Inquisiteur, du censeur. Les parents sont sortis vainqueurs des épreuves et de l'adversité.

Ouf, les deux sœurs ont un passé commun ! Il s'enracine dans l'antériorité du désir de leurs mères, leur combat, leur attente, leur union face aux agressions.

Avant même qu'elles ne naissent, qu'elles n'arrivent dans leur famille, leurs mères les espéraient.

Cela constitue pour Nina le véritable berceau de ses racines symboliques, sa genèse propre.

Derrière le désir, pointe la force de l'espérance.

Cette dimension me semble être essentielle. Serait-ce un message à entendre de la part de la demande homoparentale ? À un moment où bien des pères et des mères doutent d'eux, se sentent perdus dans leur rôle, dans leur fonction, ne savent plus ce qu'ils ont à transmettre, à un moment où l'infertilité augmente, où les couples hétérosexuels de dissolvent à tour de bras, où quelque chose se dilue du lien, du lien éthique, les homosexuels veulent se marier, veulent avoir des enfants, sont prêts à se mobiliser pour concrétiser leurs espoirs. Sont-ils le vecteur d'une nouvelle espérance ? Sont-ils l'expression d'une nouvelle foi en la vie ?

Quand je serai grande...

Bien sûr, Nina pose une quatrième question : et moi, quelle petite fille je suis, quelle femme je serai ? Quand je serai grande, je veux me marier avec un chéri et avoir des enfants.

L'interrogation de sa propre identité sexuée est là, peut-être avec plus d'acuité que dans des familles hétérosexuelles. Elle sera revisitée à l'adolescence, bien entendu, mais elle pointe précocement.

L'enfant élevé par une famille homoparentale voit devant lui de multiples modèles : celui du couple parental, mais aussi celui des grands-parents, des oncles, tantes, des copains ou copines de l'école, de la TV. Toutes ces multiples représentations du féminin et du masculin sont autant d'offres identificatoires différentes. Le choix s'étale devant les yeux curieux de l'enfant, et se fait de moins de moins en référence avec l'univers, les normes, règles ou lois intrafamiliales.

À la dernière séance, Nina, par exemple, est toute fière de m'annoncer qu'à l'école elle a plusieurs amoureux qu'elle adore « faire marcher ». Féminine à ravir cette Nina !

En effet contrairement à un préjugé tenace, et selon les études réalisées, l'homosexualité des parents n'engendre pas celle des enfants.

Bien entendu, toutes ces questions, toutes ces constructions seront revues et corrigées à l'adolescence.

Derrière cette interrogation sur l'identité sexuée se profile le poids du jugement social, voire de la réprobation morale. Le mage de l'histoire figure-t-il une sentence morale toujours prête à surgir.

Quel que soit leur mode de filiation, c'est un des problèmes majeurs des enfants élevés par des parents du même sexe : le regard social, souvent désapprobateur, inquiet, suspicieux porté sur l'orientation sexuelle des parents. L'homosexualité a beau être un peu mieux acceptée, elle continue à déranger dans les chaumières de France. N'oublions pas qu'elle était pénalisée jusqu'en 1982. Les choses ont bien évolué depuis, mais tout de même bien des poches de résistance demeurent !

À la limite, on peut admettre la liberté des pratiques sexuelles, chacun peut faire ce qu'il veut dans son coin. Mais vouloir élever des enfants, se marier ! Ce sont de véritables coups de bouc portés aux institutions les plus ancestrales.

Les enfants des familles homoparentales reçoivent de plein fouet cette sentence sociale. Ils la rencontrent à l'école, dans les médias, dans la famille. Ils entendent bien trop fréquemment des insultes intolérables, des réflexions inadmissibles. Ces agressions verbales contre leurs parents, ils les éprouvent comme si elles s'adressaient à eux. Ils sont directement et profondément atteints, j'allais dire dans leur chair, par ces paroles blessantes, humiliantes.

C'est la grande faille dans laquelle s'engouffrent des doutes, de la souffrance, un sentiment de rejet, si ce n'est d'exclusion du fait de leurs origines familiales.

Les enfants se sentent pénalisés à cause d'une orientation sexuelle des parents qui ne les rend ni pires ni meilleurs que d'autres parents.

Tout aussi insidieux est le jugement familial, quelquefois moins virulent, moins frontal mais tout autant perceptible et pénalisant pour eux. Les enfants comprennent bien les lignes de tension entre les grands-parents et leurs parents. Ils ressentent bien la douleur que cela a pu être pour leurs grands-parents, ils sont au milieu de tout cela et se sentent impuissants.

En même temps, dans le meilleur des cas, il n'est pas rare que les grands-parents évoluent dans leur position, grâce aux relations qu'ils peuvent avoir avec leurs petits-enfants. Les petits-fils, les petites-filles peuvent ainsi contribuer à atténuer les tensions, permettre certaines réconciliations entre les générations.

Les petits-enfants viennent restaurer quelque chose de l'enfant idéal perdu pour les grands-parents à l'annonce de l'homosexualité de leur fils ou de leur fille. Il ne suffit pas toujours que les parents assument bien leur homosexualité pour que les enfants puissent le faire à leur tour. Chaque enfant a à se constituer son propre système de défense. Soit il en tire une fierté : « Eh bien moi j'ai deux papa et pas toi » ; soit il impose le respect, faisant taire les langues les plus perfides ; soit il doute de lui. Ce n'est jamais sans douleur, et c'est sans cesse à recommencer.

Les enfants ont surtout mal pour leurs parents. Ils aimeraient les protéger, les défendre, se constituer en bouclier. Mais ce n'est pas leur affaire. Ici comme ailleurs il ne faut pas laisser les enfants prendre un rôle qui n'est pas le leur.

D'une manière générale, ce sont des enfants qui présentent une maturité précoce sur de nombreux points. Est-ce parce qu'ils ont dû faire face, très tôt, à une adversité, à des préjugés que bien d'autres enfants ne rencontrent pas ? Peut-être ressentent-ils tellement cette pression sociale et familiale, qu'ils ont envie d'être de « bons enfants » pour prouver à la société que leur mode de vie est tout à fait légitime.

Un autre problème pèse sur eux, et qu'ils évoquent à leur manière : le vide juridique qui entoure la situation familiale de la plupart d'entre eux. S'ils ne posent pas la question en ces termes, ils se demandent fréquemment s'ils continueront à voir tata, papa Jacques... si leur papa ou leur maman se sépare de son ou sa chéri(e).

Rien ne facilite non plus l'adoption d'un enfant par le compagnon ou la compagne du parent officiel. Dans le cas par exemple de la tata de Nina, elle n'aurait aucun droit sur l'enfant dans l'hypothèse d'une séparation du couple. En cas de décès de la maman, il n'est pas certain qu'elle puisse s'occuper de Nina bien qu'elle soit proche d'elle, l'élève au quotidien. L'adoption de Nina pourrait permettre de remplir ce vide juridique, mais pour l'instant, seul un cas a été admis en France.

Le débat est complexe et mérite une analyse à lui seul, mais ce qui est clair, c'est que ce vide juridique fragilise cette forme de structure familiale et laisse planer de l'angoisse sur elle.

On ne peut que souligner une profonde contradiction. D'un côté, les parents adoptifs, les parents IAD sont reconnus socialement, mais ils ont du mal à se légitimer par eux-mêmes. D'un autre, les parents de même sexe se légitiment suffisamment pour supporter la lutte nécessaire afin d'accéder à leur parentalité, mais ils ne sont pas reconnus socialement.

Sans doute, la conviction profonde qu'ils ont de leur rôle, la détermination de leur projet parental, leur permettent-ils d'être présents et attentifs à leurs enfants, et fortement engagés dans leurs fonctions.

Mais en parallèle, tant de souffrances, de détresse s'enracinent dans le manque de reconnaissance sociale, de respectabilité et peuvent venir fragiliser parents et enfants.

Voilà donc quelques questions, parmi tant d'autres que les enfants de familles homoparentales peuvent se poser.

Les adultes, pour leur part, débattent âprement de l'importance de la différence des sexes dans la structuration de la psyché.

L'exemple de Nina est assez explicite à ce niveau-là. L'éducation d'un enfant par des parents de même sexe *peut ne pas entraver ce repérage*. Cela dépend sans doute de l'ouverture des parents sur le monde extérieur, de leur perception de l'« autre sexe »... mais la différence sexuée peut être reconnue, intégrée même si elle n'est pas vécue « à la maison ».

Cette division sexuée existe suffisamment socialement pour que l'enfant parvienne à l'assimiler. Ce qu'il intègre d'ailleurs, c'est la multiplicité de modèles selon lesquels les hommes et les femmes peuvent vivre leur féminité et leur masculinité.

L'enfant prend acte, constate qu'il n'y a pas de modèle unique, qu'il y a le choix entre différentes modalités de sexualité. Il le voit bien autour de lui. Il côtoie des femmes ou des hommes célibataires qui peuvent avoir ou non une vie sexuelle, qui peuvent ou non avoir des enfants, des couples hétérosexuels, des couples homosexuels femmes, des couples homosexuels hommes.

On peut se demander si les enfants des homofamilles ne sont pas plus que d'autres au cœur même de la différence. Ils la vivent ou la pressentent de manière peut-être plus « naturelle ».

Nul besoin d'être élevé par un homme et une femme, pour se représenter la différence sexuelle.

Dire cela bouscule des siècles de référence et quelques décennies de psychanalyse. Mais le débat va plus loin.

Que le principe de différence soit un fondement de la constitution de l'être humain, cela est indéniable, au même titre que la reconnaissance de la filiation, de l'appartenance, des liens éthiques qui ordonnent les relations intrafamiliales.

L'acte de différencier, séparer, distinguer est bien un acte créateur et vital pour l'être humain. C'est une dimension essentielle de l'homme. Nul ne le conteste.

Ce qui est par contre mis en cause, c'est le fait que le processus de différenciation puisse s'articuler à partir de la différence des sexes. Celle-ci perd de son sens, au fur et à mesure que l'on connaît un peu mieux, et un peu plus l'être humain.

« L'anatomie est trompeuse : au fur et à mesure qu'ils avancent dans leurs découvertes, les scientifiques ont de plus en plus de mal à définir la spécificité des deux sexes », expliquent les auteurs d'un article passionnant et bien documenté qui illustrera une partie de notre développement[4].

Les récentes recherches en génétique ont montré que les différences et les spécificités des deux sexes étaient de plus en plus difficiles à établir. Les frontières hier encore bien définies apparaissent de plus en plus floues.

Ce qui distingue le masculin et le féminin, est-ce les organes génitaux ? Certes c'est la différence la plus évidente mais certains individus naissent hermaphrodites.

Est-ce les hormones ? Elles ne sont pas spécifiques à un sexe. Les femmes fabriquent de la testostérone et les hommes des œstrogènes.

Est-ce la forme des os ? Les paléontologues reconnaissent qu'il est difficile de différencier le sexe des squelettes.

Les performances physiques ne sont pas plus convaincantes. Les compétitions de haut niveau montrent que les écarts diminuent entre le sexe dit faible et l'autre...

Le poids et le volume du cerveau ? Oui, et cela a servi de base argumentaire aux phallocrates. Mais manque de chance pour eux, cette différence n'entraîne aucune distinction sur le plan de la cognition.

Tout cela pour conclure avec Simon Baron-Cohen, directeur de recherche à Cambridge[5], que « les différences entre les indi-

---

4. G. Charles et C. Chartier, *L'Express*, 20 octobre 2005.
5. Cité in G. Charles et C. Chartier, *L'Express*, 20 octobre 2005.

vidus quel que soit leur sexe, sont plus importantes que celles entre l'homme et la femme ».

Et pourtant non vous n'avez pas rêvé, les petits garçons ne font pas pipi comme les petites filles !

Quand on oppose nature et culture, que l'on estime que l'homosexualité, puis l'homoparentalité sont contre-nature, de quelle culture et de quelle nature parle-t-on ?

Alors les différences sexuelles seraient-elles avant tout idéologiques et culturelles, impliquées dans des apprentissages implicites ?

Ou bien cela veut-il dire que la différence sexuée ne se réduit pas seulement à un principe extérieur, à des conduites manifestes, mais relève aussi et peut-être avant tout d'un principe interne, qui structure et organise en soi l'articulation du masculin et du féminin que nous portons tous en nous ?

Bisexualité intime qui laisse ouvertes les infinies possibilités d'exprimer cette double part de soi. Aucune femme, aucun homme que nous connaissons autour de nous, qu'il/elle soit hétéro ou homo, qu'il/elle ait une vie sexuelle ou non n'exprime de la même façon ses parts masculine et féminine. Des femmes femmes jusqu'au bout des ongles peuvent avoir une autorité à faire trembler un régiment. Un homme homme jusqu'au bout de ses performances sexuelles peut avoir une sensibilité à faire pleurer l'ensemble de ses conquêtes.

Cela rejoindrait-il les mythes biblique et platonicien de l'androgyne où le masculin et le féminin sont deux principes internes à chaque individu ? « Il n'est d'âme et par conséquent d'être humain au sens plein, que mâle et femelle en même temps[6]. »

---

6. C. Mopsik, cité in H. Atlan, *L'utérus artificiel*, Seuil, 2005.

D'ailleurs, Henri Atlan estime que dans quelques décennies les enfants n'auront plus besoin du ventre de la mère pour être conçus et naître. La gestation pourrait se faire, compte tenu des progrès en matière de procréation et de soins auprès des très grands prématurés, la gestation pourrait se faire en dehors du corps de la femme.

Ce qui établirait une égalité tout à fait inédite de l'homme et de la femme devant ce qu'on n'appellera plus d'ailleurs la « maternité ».

Anticipation ou imagination, nous avons encore quelques décennies pour nous en préoccuper. Ce qui est sûr et a déjà « travaillé » nos sociétés, c'est que nul n'est besoin d'être une femme pour assurer les fonctions maternelles, maternantes, nul n'est besoin d'être un homme pour assumer les fonctions paternelles.

Une évidence s'impose : *le sexe ne crée plus le genre*.

Nous sommes, sur terre, des milliards d'êtres humains et, chose extraordinaire, nous sommes tous des êtres uniques, singuliers.

La différence entre les individus est un processus qui ne se réduit pas à la différence sexuée. Interviennent les myriades de diversités physiques, de caractères, de réactions, d'émotions, de sentiments, de croyances, de projets, de dynamisme...

Si ce développement sur l'homoparentalité aujourd'hui clôt ces chapitres sur l'enfance, n'y voyez rien de provocateur.

L'analyse de la question de l'origine des enfants m'amène à considérer l'homoparentalité comme l'expression d'une révolution qui s'est faite en dehors d'elle, et qui travaille le fondement de nos sociétés depuis le milieu du XXe siècle.

La situation homoparentale rend seulement – mais ce « seulement » n'est pas rien – plus explicite ces changements radicaux de paradigmes. En outre elle les cumule. Un enfant élevé dans une famille homoparentale additionne les difficultés des PMA par exemple et l'orientation sexuelle de son parent, mais cela est loin d'être insurmontable.

Reste à savoir si la société est prête à accepter des familles qui la forcent en quelque sorte à prendre conscience de ce qui se trame dans ses profondeurs.

Ces chapitres sur les enfants, nous plongent dans une vaste interrogation. La révolution anthropologique que nous avons perçue nous place face à une profonde fragmentation. « Elle se caractérise au final par une société qui dissocie ce qui relève de la sexualité (libre), de la famille (un vouloir vivre ensemble, dans la durée ou non, de deux êtres quel que soit leur sexe), de l'engendrement (un désir d'enfant privé) et de filiation (non indexée sur la vérité biologique). Ces différentes fonctions, autrefois rassemblées dans l'unité et les secrets de la famille sont aujourd'hui dispersées dans des espaces qui se veulent distincts. La crise de la famille ne tient ni à l'augmentation des divorces, ni à la revendication de mariages homosexuels, mais plutôt à l'éclatement et à la dispersion des fonctions que, traditionnellement, elle réunissait[7]. »

Ainsi donc c'est au quotidien que l'enfant du XXIe siècle vit, éprouve quelque chose d'un zapping de l'identité. Cette fragmentation est peut-être déjà là avant même qu'il ne naisse, dès l'origine, et quelle que soit sa filiation et la structure de sa famille.

---

7. Entretien avec M. GAUCHET, à propos du livre de M. GODELIER sur les métamorphoses de la parenté, in *Enjeux*, janvier 2005.

L'individu du XXIe siècle est dès sa conception un être pluriel, impliqué dans un vécu fragmentaire.

Est-ce en soi un problème ? Non. Le problème, c'est notre difficulté à penser cette fragmentation, à trouver les concepts opératoires pour l'aborder, et on a longtemps préféré la placer du côté de la pathologie.

Penser la fragmentation du sujet, sa division, sa dissociation comme constitutif de son identité, ce n'est pas évident, parce que cela nous a toujours fait peur.

Mais qu'est-ce que l'unité, sinon une multiplicité qui se cherche, et s'ordonne temporairement ?

Vivre et se réaliser sur de multiples facettes, de manière souple, en interaction avec ses divers contextes de vie, voilà un défi essentiel à relever, à tout âge de la vie.

Face à cela on se débrouille comme on peut ; pour ma part, le concept de trahison m'a beaucoup aidée.

Ce concept m'a amenée à considérer l'homme comme sujet psychique, inscrit dans un corps, dans une sexualité, impliqué dans une famille, en tant que fils, petit-fils, frère, mari, père, grand-père, oncle, parrain... mais aussi participant à une société, une culture, une religion, une idéologie, une sphère amicale, un milieu professionnel, comme citoyen du monde, sujet écologique inscrit dans les sphères du vivant... L'enfant d'emblée est inscrit dans une multiplicité hétérogène et porteuse de contradictions, multiplicité de désirs, de projets – familiaux, sociétaux, médicaux, idéologiques.

Derrière le « je », une multitude d'êtres se dissimulent ; Nous existons dans une mosaïque de vécus. De chaque place où nous nous tenons, plusieurs identités campent en nous.

Cette mosaïque porte en soi les stigmates de la trahison. Être mère suppose que l'on soit un peu moins fille. Être femme demande que l'on soit un peu moins mère. Il y a sans cesse des négociations intérieures, des renoncements inévitables. Notre équilibre intérieur nous amène sans cesse à des compromis avec nous-même, voire des compromissions entre la tyrannie des idéaux, nos forces pulsionnelles, les contraintes de la réalité.

Le « je » se trouve en se perdant, se constitue en abandonnant la frileuse volonté d'être fidèle à soi-même, en traversant un chaos qui se donne souvent à voir de manière étonnante au cours des thérapies d'enfants.

Il y a donc toujours une partie de soi qui se sent trahie par une autre. Cela constitue une blessure, une brèche intime, sentiment troublant de non-coïncidence à soi-même. Heidegger parlait de dis-jointure du sujet. Mais n'est-elle pas le lieu même de notre subjectivité, de notre liberté ? Douloureux, bien entendu, mais pour Emmanuel Levinas, « exister, c'est briser l'unité ».

D'accord, mais comment faire face à ces nouveaux enjeux identitaires ? Allons voir du côté des adolescents. Ce qui s'y trame pourra nous être précieux.

6

« J'ai pas d'mandé à naître ! »

« À force de vouloir rechercher les origines,
on devient écrevisse. »
F. Nietzsche, *Le crépuscule des idoles*

À quoi ça sert de vivre ?

Quand la mère de Mathilde, quinze ans, m'appelle pour un rendez-vous, elle est totalement démunie. Elle ne sait plus quoi faire. Depuis quelque temps, sa fille refuse de manger, ou bien elle n'avale que des aliments liquides, en tous les cas, elle commence à maigrir.

« Je m'inquiète beaucoup. Elle a toujours été une petite fille adorable. Là, je ne sais pas ce qui se passe, elle s'enferme dans sa chambre, elle nous envoie promener mon mari et moi, elle nous claque la porte au nez, elle nous insulte. Je ne reconnais plus ma fille.

– Vous appelez pour un rendez-vous pour elle ou pour vous ? demandais-je.

– Non, pour elle. Elle me semble tellement malheureuse, et on ne sait pas comment l'aider.

– Mais est-elle d'accord pour venir voir une psy ?

– Euh... C'est-à-dire, non, elle ne sait même pas que je vous ai appelée.

– Je suis désolée, mais je ne peux pas vous donner de rendez-vous sans son accord, et sans qu'elle soit au moins informée de votre demande pour elle. Discutez-en avec elle et appelez-moi ensuite.

– Bien, on va essayer... »

Quelques semaines plus tard, cette maman rappelle.

« Mathilde a fini par accepter de venir vous voir, mais si c'est sans nous. De toutes les façons, elle pense que ça ne sert à rien. Elle n'arrête pas de hurler qu'elle n'a rien à vous dire. Elle viendra seulement pour qu'on ne la saoule plus avec ça. »

Rendez-vous est pris à un jour et une heure où Mathilde est censée venir seule.

Mais ce mercredi après-midi, alors que ses parents sont censés travailler, elle se présente, blottie entre papa et maman, presque cachée derrière eux.

Venue, oui, mais avec la ferme intention de ne rien dire. Sa résistance est évidente, sa volonté de mutisme est criante.

« On s'est libérés de notre travail, parce qu'au dernier moment, Mathilde ne voulait plus venir. On a réussi à négocier en lui proposant de l'accompagner.

– Très bien, Mathilde. Je peux tout à fait comprendre que tu n'aies pas envie de me rencontrer.

– ...

– De toutes les manières la décision de travailler avec moi t'appartient, je ne t'imposerai rien.

– ...

– On peut, si tu veux, en parler dans mon bureau sans tes parents ?... Tu m'accompagnes ?... »

Mathilde toujours en silence me suit, assez promptement finalement.

Une fois seules, je parle beaucoup plus que Mathilde, qui finit par me dire la phrase fatidique :

« De toutes les manières, j'ai pas demandé à naître.

– Mais tu la veux la vie ou non ?

– Je ne sais pas. À quoi ça sert de vivre ? Pourquoi on est sur terre ? Et mes parents pourquoi ils m'ont fait ? Ils ont une vie de c... J'veux surtout pas d'une vie comme ça. Quand je les vois, ils me donnent envie de vomir ! Ma mère elle me crie toujours dessus, mon père il n'a pas de caractère, ma sœur elle fume du shit du matin au soir, ils ne lui disent rien, ils ont peur que je devienne comme elle ; elle est gothique, ils ont eu de gros problèmes avec elle, ils sont nuls comme parents, et puis tout est nul.

– En arrêtant de manger, tu veux quoi ?

– Mais c'est pas moi qui décide, j'ai pas faim, c'est tout, elle est infâme leur nourriture de m...

– Peut-être que tu n'as pas encore décidé si tu veux vivre ou non. »

L'entretien prend ici une tournure beaucoup plus solennelle, la voix de Mathilde se fait plus profonde, plus grave. Elle répond de tout son être... parlant d'elle et non plus de ses parents.

« J'ai peur de vivre et j'ai peur de mourir.

– En t'alimentant peu, tu es en train de te préparer à mourir... Est-ce cela que tu veux ?

... [Silence profond de Mathilde]

– Je ne sais pas encore ce que je veux.

– Il n'y a que toi qui puisses prendre cette décision. »

Exister ou ne pas exister. Être vivant ou n'être que l'ombre de soi-même, voilà, à vif, la grande question des adolescents.

C'est sur cette corde raide existentielle qu'ils tangueront pendant quelque temps, avec l'hésitation comme compagne. Passionnés un jour, déprimés le lendemain... Les conduites ordaliques, l'émergence de certains symptômes, la tentation suicidaire, l'instabilité d'humeur, en sont la manifestation. Mais vivre, c'est quoi au juste ?

Nul ne peut répondre à leur place. Leur décision constitue peut-être leur premier acte d'adulte.

Vivre comme les parents, est-ce cela la vie ? Assoiffés d'idéal, de justice, d'héroïsme, les adolescents trouvent les adultes tellement tristes, ringards, matérialistes, résignés, lourds... !

« La vie a-t-elle un but ? À quoi puis-je être utile sur terre ? »

« Est-ce que je serai capable de réaliser ce qui me tient à cœur ? »

« Mes parents, ils ne savent même pas pourquoi ils m'ont fait. Moi je veux savoir pourquoi je vis, pourquoi je me lève le matin. »

Voilà, glanées au hasard des rencontres quelques questions qui taraudent nombre d'ados.

L'adolescent est à la recherche d'un sens à donner à sa vie. En vue de quoi ai-je reçu la vie ? À quelle fin suis-je au monde ?

Il se sent devenir responsable de son devoir être. Il y va de l'accomplissement de soi.

Dans le vaste chantier que constitue cet âge, les ados vont mettre à l'épreuve tout ce qu'ils ont reçu de vous, afin de tenter de forger leur propre système de valeurs. C'est autour de l'émergence de ce nouveau pôle de significations que leur identité s'organisera. Le « je » se cohère, s'organise, en effet, autour de ce qui fait sens pour lui.

Mais cet exercice, fondateur d'une singularité qui se cherche, soulève tant de doutes ! Que de turbulences en perspective !

La question de l'origine se pose alors dans toute sa complexité.

« Que puis-je devenir, moi qui suis né Black, Blanc ou Beur ? »

« Alors que mes parents sont chômeurs, d'origine sociale précaire, vais-je pouvoir m'en sortir ? »

« Cette histoire familiale si lourde, ces suicides à répétition dans les générations passées, puis-je y échapper ? »

« Moi, jeune fille élevée dans une famille maghrébine, vais-je devoir être comme ma mère, porter le voile ? Que dois-je respecter des origines de mes parents émigrés si moi je suis née en France ? »

« Je suis issu d'une famille de médecins, comment m'autoriser à être littéraire ? »

« Ma petite amie est asiatique, comment la faire accepter par des parents qui ne cachent pas leur racisme ? »

« Je ne crois plus en Dieu, comment mes parents vont le prendre eux qui sont si "cathos" ? »

Filiations biologiques, héritage psychique, origines sociales, culturelles, ethniques, religieuses... les origines dévoilent à présent leurs différentes composantes et vont s'imposer à travers les antagonismes qu'elles véhiculent. Cette plongée dans la complexité des origines génère, en effet, inévitablement des tiraillements, des conflits intérieurs. Ce qui est bon, par exemple, pour la culture d'accueil ne l'est pas pour la culture d'origine vice-versa.

L'identité, ce n'est peut-être rien d'autre que la capacité à arbitrer toutes ces contradictions. Elle s'organise autour de cette réalité mosaïque.

Chaque élément constitutif des origines porte en lui une parcelle du sujet. Le « je » est fait de cette diversité mouvante et émouvante. Il est dans son essence même métissé. À l'adolescence on prend conscience que l'agencement entre ces différentes dimensions originaires et identitaires est soumis à des réaménagements incessants. C'est en recomposant cet assemblage que se renforcera le sentiment d'exister, le sentiment d'avoir une « consistance » ontologique.

Identité, éthique, origine sont indissociablement liées et co-dépendantes. Leur synergie est génératrice de mobilité, de créativité.

Alors, l'origine, étau ou source ? Limite ou richesse ? Déterminisme ou liberté ? Entrave ou ouverture ? Cela dépendra de la position de chacun.

Tout au long de la vie, les origines peuvent être « travaillées », pétries. Cette élaboration permet aux jeunes, et d'ailleurs aux moins jeunes de « participer » au monde dans lequel ils évoluent, et elle leur permet d'éviter de se sentir seulement le jouet des forces extérieures, qui sont alors perçues comme hostiles et menaçantes. Grâce à ce « travail » sur ses origines, le monde n'est plus quelque chose qui s'impose, générant incompréhension et inquiétude, mais il devient aussi le produit de l'esprit, il se soumet aux représentations du sujet, qui lui imprègne sa forme, sa vision, ses significations. Les origines se trouvent être au croisement de la réalité interne, et de la réalité externe. Elles nous déterminent bien moins qu'on ne le pense.

Elles ne sont qu'un point de départ, qu'une provenance pour un voyage que chacun vivra de manière unique et singulière.

Elles ne représentent qu'un premier temps de la vie, elles ne sont que les premières manifestations d'un sujet en devenir. Nous existons, nous nous réalisons dans une accumulation de temps, nous sommes des lieux, des images, des odeurs, des rencontres successives, nous transformant sans cesse.

Comme un roseau, les origines se plient aux exigences, aux volontés du sujet, à ses désirs et à ses limites, à ses rêves et à ses impossibles, à son potentiel et à ses peurs. Les origines sont, certes, constituées d'éléments indélébiles – on ne pourra jamais faire qu'on ne soit pas né par IAD, qu'on n'ait pas été adopté, qu'on ne soit pas né sur une terre étrangère –, mais pour autant elles ne constituent pas un destin inéluctable, loin s'en faut ! Si elles conditionnent, elles n'enferment pas. Si elles limitent, elles peuvent être largement dépassées.

Réalité intangible, l'origine ne peut être changée, mais le rapport à l'originaire, la fonction qu'on lui attribue sont des données variables.

« Que puis-je faire de mes origines ? » « Compte tenu de là d'où je viens, qui puis-je devenir ? » « Ma couleur de peau, mon nom à consonance étrangère, comment faire pour qu'ils ne m'entravent pas ? »

Les origines conditionnent-elles totalement un individu ? Peut-on s'en libérer, au prix de quoi ?

L'adolescence est un puissant révélateur des contraintes qui pèsent sur un individu. À cet âge, on mesure tout le poids de son histoire. On cherche à s'en dégager, autant qu'on craint de s'en libérer.

Notre adolescent se trouve ainsi plongé dans une tension extrême entre déterminisme et liberté, entre fidélité et trahison. À quoi être fidèle ? Qui faudra-t-il trahir pour devenir soi-même ?

J'suis plus une gamine

« Vous avez semé un enfant, vous récoltez une bombe » disait Winnicott aux parents d'adolescents. En effet, bien des pères et des mères déplorent de ne plus retrouver chez leur adolescent leur tendre chérubin.

Révoltés, malheureux, les adolescents nous entraînent inévitablement dans leurs profondes contradictions. L'ambivalence règne en maîtresse des lieux.

Ils ont envie d'être compris, mais si on les comprend trop ils ont le sentiment d'une intrusion. Ils veulent se passer de notre amour, mais si on ne les regarde plus, ils s'effondrent. Ils déclarent qu'ils n'ont pas besoin de nous, alors qu'il faudrait être disponible à n'importe quelle heure du jour et de la nuit. Les copains deviennent leur univers, mais ils ont du mal à quitter le nid douillet.

En réalité, quelque chose a réellement explosé à l'intérieur du corps de votre fille ou de votre garçon au moment de sa puberté.

Il ou elle assiste, comme médusé(e), sidéré(e), à l'éclosion d'un corps nouveau, étrange qu'il/elle ne reconnaît pas. Dans cette part la plus intime d'eux-mêmes, il se passe quelque chose qu'ils ne maîtrisent pas, qui les dépasse, qu'ils ne parviennent pas à identifier.

Non, non ne culpabilisez pas ! Vous leur avez sans doute suffisamment expliqué, vous avez suffisamment anticipé. Ce qui se passe là n'est pas de l'ordre du savoir, mais d'une singularité qui s'éprouve elle-même, dans le corps et dans la psyché, dans ce qu'elle a de plus unique.

Une déferlante d'expériences nouvelles et étranges les traverse.

Premières règles, premières éjaculations, premiers désirs troublants, premiers poils, prémices d'une sexualité adulte alors qu'ils restent dépendants affectivement, financièrement, symboliquement, premiers baisers, premier soutien gorge, première sortie entre copains, entre copines... L'adolescence déborde de « premières fois ».

Le corps devient origine.

Au plus profond de l'être, dans un vécu indicible, inquiétant, l'origine se révèle aussi comme une réalité interne et contemporaine.

Elle n'est pas seulement quelque chose d'antérieur et d'extérieur. Elle est là en eux. Ils la vivent en direct, ils en éprouvent les ressorts à même leur chair.

Quelque chose naît en eux, révélant que le processus de la naissance n'est pas seulement lié et réduit à une date. On ne naît pas qu'une fois dans sa vie. En soi, tout au long de son existence des choses peuvent surgir, advenir. « Il n'y a pas de progrès, il y a des naissances successives » disait René Char. Bob Dylan l'exprimait aussi à sa manière : « Qui n'est pas en train de naître est en train de mourir. »

L'origine n'appartient pas seulement au passé.

Cette prise de conscience va relativiser les questions de gestation, de procréation.

Ce soubresaut intime va transformer une grande partie de leurs repères. C'est ce qui fait crise en eux. Cette formidable entreprise de mutation, de métamorphose pubertaire entraîne, en effet, une véritable expérience de déliaison, voire un sentiment de déréalité. Ils ne se reconnaissent plus, ils ne savent plus qui ils sont.

Chacun traversera à sa manière cette période, et à des âges différents – treize, seize, vingt ans, voire trente ou quarante ans. Nul besoin que la crise soit spectaculaire pour que le travail s'effectue. Et quand cela prend des allures de drame ou de tragédie, cela n'augure pas forcément d'un avenir sombre.

L'origine, c'est peut-être avant tout cet instant où, dans une vie, tout s'ébranle.

Une des découvertes de nos chères bombes, et non des moindres, c'est que l'origine est contemporaine du deuil, ils sont liés intrinsèquement l'un à l'autre, de manière paradoxale.

L'enfance s'absente, et c'est le vertige devant l'inconnu. Les adolescents vivent deux registres existentiels en même temps. Ils doivent à la fois gérer la fin de quelque chose et les prémices d'un nouvel état, le deuil de l'enfance, et l'approche de l'âge adulte. Ils se trouvent ballottés entre la nostalgie du passé et la peur de l'avenir. Cela ne peut se faire sans souffrance.

Mais comme nous avons mal, quand nos enfants vont mal ! Et pourtant, là encore, nul ne peut faire ce travail à leur place. Il s'agit d'un processus essentiel pour la psyché. À l'origine de la pensée, le deuil ? Peut-être.

Le deuil est ici conçu comme un travail interne au sujet, il n'émane pas seulement de la perte complète de quelque chose mais bien aussi de toute sorte de détachement.

« Le processus de deuil se situe au carrefour de la croissance et de la souffrance [...]. Le deuil est affaire d'existence, relative à la différence des êtres [...]. Il n'existe pas de « je » qui n'ait été préalablement perdu[1]. »

L'adolescent expérimente que l'identité se constitue dans une prise de risque incessante : on se construit en se défaisant de ce qu'on a été.

À tout âge, pour grandir, il faut accepter de perdre une partie de soi.

---

1. P.-C. Racamier, *Le génie des origines*, Payot, 1992.

Vivre pleinement demande l'acceptation de ce qui meurt en soi. Pour naître sans cesse dans l'épiphanie de figures toujours nouvelles, il faut pouvoir lâcher une partie de son histoire.

Paradoxalement, accepter de ne plus être un enfant permet de préserver en soi les eaux vives de l'enfance.

Mais en quittant l'enfance, à quoi renonce l'adolescent ?

Déjà, à une certaine part d'idéal. « Petit », il rêvait de ce qu'il pourrait faire une fois devenu « grand ». Il s'imaginait, pour le moins, héros. Or, il se trouve plongé dans la banalité de l'existence, dans la routine scolaire. Il a gagné en taille, en vigueur, en savoir, peut-être en autonomie, mais sa vie reste « quelconque », et n'a rien d'exaltant. Il y a nécessairement déception et inquiétude : « Aurai-je les moyens de mes désirs ? » se demande-t-il.

Mais ce qui est perdu plus profondément encore, c'est l'évidence d'être soi. Il y a un véritable trouble du sentiment de l'unité interne, du continuum d'existence. L'irruption de la puberté introduit une ligne de brisure interne.

Qui suis-je aujourd'hui, moi qui étais autrement avant ? Je ne suis plus ce que j'étais, et je ne sais pas encore ce que je serai. Entre le « déjà plus » de l'enfance et le « pas encore » de l'adulte, l'adolescent se cherche.

Il sent en lui la naissance d'un étranger. Il est comme habité par un autre avec lequel il faudra bien cohabiter. Il s'éprouve « soi-même comme un autre » selon la formule de Paul Ricœur.

La tâche, pour l'adolescent, consiste à intégrer cette partie de soi qui n'existe plus mais qui cependant l'habite encore. Quelque chose, son enfance, n'existe plus sur l'ordre du temps chronologique, mais continue à persister sur le plan psychique.

Intégrer cet autre lui-même lui permettra d'accepter l'étranger qu'il côtoie. Accueillir sa propre part d'étrangeté intérieure, l'aidera à s'ouvrir à l'altérité.

C'est sans doute à l'adolescence que l'hétérogénéité du sujet est éprouvée avec le plus d'acuité et que le travail d'unification du sujet est le plus urgent. L'enjeu identitaire de l'adolescent, c'est de composer un soi qui tienne ensemble ses différentes facettes.

Pour évoquer cette tâche indispensable, Paul-Claude Racamier a utilisé une métaphore à la fois éclairante et stimulante. Aimez-vous Venise ? Alors prenez place sur une gondole.

« 117 îles, réunies entre elles ont fait ensemble une ville, la plus cohérente, et la plus unifiée qui soit au monde. Et cette ville a constitué l'état le plus solide, et le plus durable que n'ait jamais connu le monde occidental. Venise, parfaite allégorie du moi, de sa diversité, de sa vigueur[2]. »

Offrons à nos adolescents la possibilité de créer leur Venise intérieure. Comment ?

En les aidant à trouver les gondoles qui les feront passer d'une île à une autre, ils parviendront ainsi à unifier les composantes identitaires qui se présentent comme disparates. Plus ils sentiront qu'en eux ça fait lien, moins ils auront besoin de passage à l'acte ou de conduites de destructivité à l'encontre d'eux-mêmes et/ou des autres. Cette mobilité intérieure participe à la construction d'un sentiment de sécurité.

C'est en ayant confiance dans le potentiel de nos ados qu'on les aidera à développer le plus de « soi » possibles, à élargir leur territoire intérieur. Riches de leurs ressources, ils pourront accéder à une *suffisante homogénéité.*

Sans doute faut-il aussi les aider à renoncer à certaines illusions. Eux qui cherchent à savoir qui ils sont, on ne peut pas les laisser s'embourber dans un chemin sans issue.

---

2. P.-C Racamier, *op. cit.*

L'identité n'est pas de l'ordre du savoir, mais davantage de l'ordre du sentir. Selon Damasio, « l'identité, c'est ce par quoi on se sent exister en tant que personne ». Le sentiment d'exister n'implique pas nécessairement de contenu cognitif.

La connaissance de soi est une vaine et illusoire recherche. Embarqués dans la mouvance absolue de la vie, nous ne sommes plus ce que nous fûmes, et nous ne sommes pas encore ce que nous serons.

L'identité n'est jamais un produit fini ni définissable, mais un processus toujours en train de se créer. Le « je » n'est pas ce qui est relié, mais ce qui permet de relier.

Ce sont toutes ces forces de liaison à l'œuvre qui constituent une sorte de bruit de fond permettant de donner au moi le sentiment d'exister.

Le « je » émane du mouvement même du « moi » en train de s'unifier. L'unité du sujet reste donc toujours à constituer.

C'est, aussi, par le récit que l'adolescent va parvenir à effectuer ce travail d'intégration. Les premiers souvenirs d'enfance vont s'organiser, venant souvent idéaliser une période qui ne fut pas toujours aussi facile qu'on veut bien se la représenter. Au moment de l'adolescence, on reconstruit une autre enfance. Entre autres pour en effacer les blessures narcissiques, celles d'avoir été petit, dépendant, ignorant...

Arrivés à cet âge, il arrive fréquemment que les enfants adoptés éprouvent le besoin de rechercher des informations sur leur naissance et leurs origines, afin de nourrir ce récit interne qui leur permettra de construire un sentiment de continuité.

Quelquefois, ce qui importe c'est la démarche elle-même, davantage que les éléments objectifs susceptibles d'être glanés. Le fait que les adolescents en prennent l'initiative, qu'ils expriment cette demande à des tiers – des services administratifs par exemple – les situent comme acteurs alors qu'ils ont pu jusqu'à présent avoir le sentiment d'être un peu les jouets de l'histoire.

En tant que parents, on peut bien entendu les suivre, les accompagner, les soutenir, leur montrer qu'on n'y est pas opposé, mais surtout laissez-les mener les choses, permettez-leur d'être responsable de cette démarche !

Quelquefois, le simple fait de trouver le nom de la mère suffit. Cela vient poser une limite, un fond dans le gouffre indéfini des origines. Il y a désormais un sol où poser son identité, aussi infime soit-il.

Pour rendre cohérente l'image d'eux-mêmes, pour développer la conscience d'un continuum d'existence, comme ils ont tous besoin de notre reconnaissance, quel que soit leur mode de filiation ! « Reconnaître, c'est d'abord discerner une identité qui se maintient à travers ses changements[3]. »

Bien sûr, il faudrait continuer à les aimer quand ils se rendent haïssables. Mais ce n'est pas toujours évident ! Et pourtant, lorsqu'on y parvient, quel cadeau on leur fait !

Attester qu'ils sont bien nos enfants suppose qu'on accepte de les voir grandir, qu'on perçoit ce qui perdure au sein même des métamorphoses. On maintient le lien avec ce qui demeure identique en eux et par là, on leur restitue leur permanence ontologique.

Notre présence leur sert, alors, de point fixe garantissant qu'ils sont bien « eux », même s'ils changent.

Il suffit quelquefois d'un regard, d'un geste, d'un rire partagé comme « avant », dans lequel, sans l'ombre d'un doute, ils sont

3. P. Ricœur, *Parcours de la reconnaissance*, Stock, 2004.

nos enfants. Instant magique où l'amour, la tendresse nous submergent... Malgré tout ce qu'ils nous font vivre, on les prendrait presque dans nos bras comme des bébés, si nous ne craignions d'être vertement remis à notre place... Qui sait, on peut encore essayer une fois...

Les grands-parents, et quelquefois les arrière-grands-parents jouent un rôle important dans cette élaboration. Libérés des soucis éducatifs, ayant plus de recul, ils peuvent accepter l'adolescent tel qu'il est, ce qui conforte son sentiment d'intégrité psychique et identitaire.

D'accord, me direz-vous, mais alors pourquoi sont-ils si agressifs à notre égard ?

« Pour grandir, il faut passer par le corps mort d'un adulte », disait Winnicott.

Bigre, rien que ça ! Il ne suffit pas de subir la perte de l'enfance, il faut aussi devenir assassin ! Les adolescents s'y appliquent consciencieusement, tout au moins symboliquement.

Le rejet des parents est une tâche aussi ardue que nécessaire. Tant que la révolte gronde, c'est que la bonne « distance » n'est pas encore trouvée.

Mettre à distance ces personnes qu'on a le plus aimées oblige bien souvent à les haïr un tant soit peu et à se faire haïr. Ils ont besoin de nous trouver « nuls » et ils ne se gênent pas pour nous le dire plusieurs fois par jour.

Ne tombez pas dans le piège, tenez bon ! Leur jugement n'est pas toujours très objectif ! Même si vous estimez avoir fait de votre mieux, avoir été jusqu'à présent des parents suffisamment bons, n'espérez pas échapper à cette nullité quasi universelle des adultes ! Au contraire, plus vous avez été importants pour eux, plus ils sont proches de vous, plus vous pouvez vous attendre à être jugés comme les plus *« out »* de tous les parents... surtout comparés aux père ou mère de tel autre copain ou copine qui, bien entendu, leur laisse plus de liberté ! Ce ne sont pas tant les parents réels dont il faut se détacher, mais l'image interne du père et de la mère.

Là aussi pour les enfants adoptés, la recherche d'origine est importante, mais la raison « officielle » – retrouver les parents biologiques ou avoir des informations sur la naissance – peut cacher d'autres motivations implicites, voire inconscientes. Cette recherche peut être, aussi, un moyen pour instituer une distance salutaire avec les parents adoptifs. Elle introduit du tiers entre l'adolescent et sa famille adoptive.

La recherche de la mère biologique peut, par exemple, servir, inconsciemment bien sûr, à s'émanciper d'une relation actuelle à une mère adoptive trop protectrice.

D'autres fois, la revendication de la culture d'origine permet de s'émanciper d'attentes trop massives de la part des parents adoptifs. Ou bien elle peut venir compenser, réparer des blessures narcissiques, des besoins non satisfaits dans les relations familiales présentes.

Ces démarches peuvent aussi bien avoir comme fonction implicite d'alléger les loyautés écrasantes du jeune envers sa famille adoptive. « Qu'est-ce que je serais devenu, s'ils ne m'avaient pas adopté ? »

On le voit, il s'agit moins ici de parler avec nos ados de leurs origines, que de les laisser construire leur propre logos. Votre rôle n'est donc plus tout à fait le même qu'avec les enfants plus petits.

Et si ce déplacement vous obligeait vous aussi à repenser et à reconsidérer d'une part les origines de votre adolescent, mais aussi la représentation de vos propres origines ! À suivre...

En tous les cas, tenez bon ! Ne vous effondrez pas ! Résistez ! Dédramatisez ! Coachez vous entre amis ! Et reprenez confiance en vous ! Vous commencez à cerner qu'ils fonctionnent de manière paradoxale, alors décodez un peu leurs demandes.

En fait, ils vous attaquent pour mieux vérifier que vous êtes solides. Ils attendent de voir comment un adulte agressé est capable de rester entier, vivant. Il n'y a rien de plus angoissant pour un adolescent que de mitrailler ses parents et de voir qu'ils succombent sous ses tirs bien ciblés.

Et puisque nous sommes entre nous, que vos chères bombes sont dans leur chambre, devant l'ordi ou la Gameboy, leur MP3 sur les oreilles, je peux vous faire une confidence. Dès qu'ils auront accédé à une réelle indépendance, affective, financière, symbolique... leur agressivité à votre égard n'aura plus de raison d'être. Ils pourront même vous inviter dans leur studio... mais attention, il vous faudra enlever vos chaussures pour ne pas salir leur bel appart'... Oui, oui, c'est bien votre ado qui avait une chambre innommable qui prend soin de son « chez lui »... D'ici là, en attendant que les relations se pacifient, bon vent !

Dans cette indispensable mise à distance des imagos parentales, on peut faire l'hypothèse que le début d'anorexie de Mathilde a été mis en place pour effacer son corps de femme, et refuser par là même la grande proximité avec son père. J'apprendrai, un peu plus avant dans nos séances, que son père, comme par hasard, vient toujours prendre sa douche quand Mathilde se trouve dans la salle de bains. Elle est de plus en plus gênée sans oser lui faire la moindre remarque.

L'enjeu de l'adolescence, c'est bien la sortie de l'œdipe qui permettra d'affirmer sa sexualité d'adulte, et de donner corps à son être propre.

Un des processus internes de liaison de l'identité est gouverné par Éros. Le « je » mis à mal par la puberté va se réorganiser, entre autres, par l'accès au désir.

Éros, où es-tu ? Le prince charmant a disparu

Céline, quatorze ans, s'est fait agresser dans son escalier par un exhibitionniste. Elle découvre les pulsions sexuelles par le côté « sale » et pathologique. Elle a réussi à s'échapper, mais le traumatisme est là. Elle dit que ça l'a écœurée pour longtemps.

Mathieu, seize ans, se demande s'il est normal. Il n'a pas encore eu de petites copines, n'a pas fait l'amour, alors que les copains de son âge s'en vantent largement. D'ailleurs quand ils regardent des images porno, ça le gêne beaucoup. Il n'a osé le dire à personne, et au contraire, devant les autres il frime, dur.

Vanessa, dix-sept ans, fait collection de fiancés. En grande stratège, elle sait jouer de sa séduction, entretenir la rivalité entre garçons. Il faut dire que sa mère lui a raconté depuis qu'elle est toute petite ses nombreuses aventures.

La sexualité s'impose aux adolescents d'emblée dans ses contradictions. Elle a beau s'exposer partout, elle n'en demeure pas moins un continent étrange. Elle fascine autant qu'elle effraie.

Le fait même qu'elle soit partout est vécu par certains comme une intrusion intolérable, menaçante. La libération sexuelle ne libère pas tant que cela. Elle se présente souvent comme une assignation imposant une nouvelle normalité. Les discours sans tabous ne garantissent en rien l'épanouissement de l'individu, et peuvent même le freiner, l'entraver.

Entre pornographie et romantisme, le cœur des adolescents balance. Entre avilissement et respect, la sexualité tangue sur des eaux houleuses et douteuses.

La sexualité ne se laisse réduire ni à l'acte ni au désir. C'est une réalité à questions multiples, impliquant tous les niveaux de l'humain : le corporel, le spirituel, l'animalité, la sacralité, l'amour, l'idéologie, la loi, la morale, l'identité, le religieux...

C'est au confluent de toutes ces dimensions que l'adolescent va accéder à sa sexualité propre. On comprend alors à quel point elle participe à la construction du sujet.

Mais la sexualité humaine se vit et inexorablement elle se pense. C'est ce qui lui confère son côté sublime, et son côté tragique.

L'ado se questionne : « Je dis oui, ou je dis non ? À qui ? Jusqu'où puis-je aller ? Qu'est-ce que j'engage dans l'acte et jusqu'où je m'engage ? »

Entre tendresse et emprise, entre don de soi et possession de l'autre, les frontières de la sexualité fluctuent, se cherchent, se troublent, amenant le jeune homme ou la jeune fille à découvrir des territoires inconnus de sa propre subjectivité, au sein de la rencontre et de l'étreinte.

Ce qui se passe avant, ce qui se passe pendant, ce qui se passe après est totalement imprévisible, et se rejoue différemment à chaque fois.

La sexualité, c'est cette tension permanente entre besoin et satisfaction, entre frustration et sublimation, entre aliénation et subjectivation.

La sexualité n'est pas seulement l'aboutissement d'une rencontre entre un homme et une femme, entre deux hommes, ou deux femmes, elle est aussi et dans le même temps genèse, genèse d'une identité sexuée qui s'éveille jour après jour, sans savoir clairement ce qui émane de soi, ou des autres.

L'adolescent assiste, quelquefois médusé, à l'origine de son identité sexuelle.

« Qui suis-je, moi qui suis née fille ? Est-ce que je me sens plutôt féminine, plutôt masculine ? Quelle sexualité puis-je vivre, hétéro, homo ? Quelle rencontre vais-je faire qui pourrait m'orienter dans un sens ou dans un autre ? Pourquoi suis-je attirée plus par les filles que par les garçons ? Avec qui en parler ? Comment le dire aux parents ? »

L'interrogation est rude, le corps laisse émerger des désirs, des pulsions, des fantasmes dont ils ne savent pas toujours que faire.

À la recherche d'eux-mêmes, les adolescents remettent en cause et font voler en éclats ce qui peut apparaître comme des déterminismes inéluctables, liés au genre, aux modèles du féminin et masculin, au « roc biologique ».

L'identité sexuée s'origine au croisement de multiples facteurs : individuels, familiaux, sociétaux.

À l'aube de sa sexualité, l'ado éprouve dans son corps, dans sa psyché, dans sa relation aux autres que l'origine procède du doute.

Les schémas théoriques psychanalytiques expliquent que l'adolescence constitue la sortie de la bisexualité infantile. Soit, mais ce n'est pas si évident que cela. Les pulsions homosexuelles sont d'abord considérées par le jeune comme des menaces intérieures dont il n'est pas toujours facile de se défendre. Elles sont ensuite dans certains cas reconnues comme inéluctables. Reste encore à les accepter et à les nommer, sans parler de l'étape qui consistera à les dévoiler à l'entourage et à la famille.

L'entrée dans l'hétérosexualité ou dans l'homosexualité est un des enjeux majeurs de l'adolescence. Cela n'a pas à voir, comme Freud le laissait entendre, avec une névrose, ou une perversion. Il est grand temps de sortir de ces schémas désastreux. Les représentations sociales ont certes évolué quelque peu, mais l'homosexualité reste encore un sujet tabou, une réalité honteuse, difficile à assumer pour les adolescents.

Christophe est offusqué, il vient de se faire draguer par un homme. « I' me prend pour qui celui-là ! »

À une soirée, alors qu'elle avait un peu bu et fumé, Nathalie s'est laissé embrasser par une fille. Au réveil, elle a un sentiment de malaise. « Mais qu'est-ce qui m'a pris de la laisser faire. Ça m' dégoûte ! Est-ce que ça m'a quand même plu ? »

Tout le monde trouve Fabien un peu trop macho. Mais personne ne connaît ses parents. Son père est un véritable esthète, d'une élégance, d'un raffinement sans doute un peu trop efféminé pour son fils. Alors que sa mère est une véritable matrone, grande, forte, qui incarne davantage la virilité que la féminité.

« Décidément, pour moi, ce sont les garçons », déclare un jour Olivier, après être sorti avec plusieurs filles. Mais comment le dire ou le cacher aux parents, qui eux vivent en couple depuis plus de trente-cinq ans de manière plutôt harmonieuse ?

La mère de Nadia a divorcé de son père, voilà cinq ans, pour se mettre en ménage avec une amie. Nadia et son frère sont allés vivre chez elle. Depuis l'âge de quinze ans, comme pour se prouver qu'elle ne serait pas comme sa mère, elle est à la recherche quasi compulsive d'aventures sexuelles avec les hommes, souvent plus âgés qu'elle.

Sébastien, élevé par ses deux pères, est plutôt du genre fidèle. Il a une petite copine depuis la classe de seconde et ils forment un couple stable. Les deux familles les reçoivent de manière naturelle.

Enfants d'hétérosexuels qui deviennent homo, enfants d'homosexuels qui deviennent hétéro, les adolescents finissent aussi par se libérer du poids et de l'importance qu'a pu avoir la sexualité des parents. Elle constitue, pour eux, de moins en moins un modèle, une norme.

Très bien, mais n'en doutons pas, la naissance de leur identité sexuelle demande une grande énergie psychique. Ne soyons pas étonnés de les voir souvent fatigués, on comprend mieux maintenant tout le travail interne qui mobilise leurs forces.

Ici aussi, toute cette mobilisation nécessaire à la construction de leur identité sexuelle rend moins centrales les questions sur leur propre conception. Leur connaissance nouvelle de la sexualité leur fait mieux comprendre les processus de leur naissance. Dans la plupart des cas, quand les modalités de leur conception ont été claires, ou bien assumées par les parents, elles cessent de préoccuper l'adolescent, ou du moins elles ne sont plus au premier plan de ses interrogations. Par contre, quand il y a anguille sous roche, quand ils supposent que les conditions de leur venue au monde ne sont pas tout à fait « classiques », ils peuvent être pris dans une recherche compulsive, n'hésitant pas à regarder le livret de famille, à interroger oncles, tantes, grands-parents, pour glaner ici ou là quelques indices précieux, une date, un lieu...

Soyez sans illusions, ce que vous aviez soigneusement éludé jusqu'à présent va resurgir avec virulence. Les révélations que vous avez scrupuleusement évitées vont devenir urgentes.

Et à ce jeu-là, ne nous y trompons pas, nos ados sont bien plus malins que nous.

Ils sont ridicules avec leur soi-disant secret

« Quand j'étais petit, j'ai toujours entendu dire que mon père ne pouvait pas avoir d'enfants. Mais alors on vient d'où ma sœur et moi ?

Je me suis longtemps demandé si on n'avait pas été adoptés parce qu'on ne se ressemble pas du tout.

Il m'est arrivé de penser que ma mère nous avait eus au cours d'une aventure... enfant d'un adultère, pas facile à accepter. Mon père a toujours été un peu distant, absent. Ma mère d'ailleurs le lui reprochait.

Je suis passé par des moments bien difficiles. Je me sentais vaguement coupable sans savoir de quoi.

De manière confuse, je crois que j'ai toujours senti qu'il y avait un secret... Et puis au fur et à mesure, les choses se sont éclairées. J'ai mis bout à bout plusieurs épisodes et je crois que j'ai fini par comprendre. »

Stéphane a dix-sept ans. C'est lui qui a demandé à consulter. Il a besoin d'éclaircir des choses, me dit-il au téléphone lors de la prise de rendez-vous.

C'est un ado qui va plutôt bien, il me semble bien structuré, sachant se poser les « bonnes questions » avec un bon niveau d'élaboration et une bonne distance par rapport à sa famille d'origine.

Il a dépassé ses moments de crise et se projette très positivement dans l'avenir. Sans doute tout cela l'aide-t-il à clarifier ce qu'il ressent comme une zone sombre de son origine.

« J'ai envie de parler de tout cela, pour m'en libérer, et ne pas trimballer des valises encombrantes toute ma vie, dit-il.

*Petit à petit, j'ai commencé à comprendre quand j'ai vu mes parents zapper à chaque fois qu'il était question d'*IAD *à* *la télé. Ça m'a fait bizarre. Ils coupaient court à toute discussion sur ce sujet, alors qu'il y a peu de sujets tabous à la maison et qu'en règle générale, ils nous poussent plutôt à échanger librement avec eux.*

Une fois, deux fois, trois fois de suite, ça m'a mis la puce à l'oreille. À chaque fois, je ressentais un drôle de malaise au fond de moi. J'ai posé une question, puis une autre... pas de réponse... C'était pour mon père que ça semblait le plus difficile ; c'est comme si ma mère le protégeait. Ils semblaient très complices sur ce coup-là.

Ma sœur est trop petite pour qu'on en parle ensemble. Mes copains ils ne comprendraient pas, c'est pour ça que j'ai voulu venir vous voir. J'ai trop longtemps porté cela seul.

J'ai regardé sur Internet, j'ai mené ma petite enquête pour m'informer de la technique, de la législation. Ça m'a fait vraiment beaucoup de bien d'en savoir plus.

Ce qui m'a rassuré énormément c'est de savoir que le don de sperme n'était pas rémunéré. Je n'aurais pas supporté qu'il y ait un acte marchand à l'origine de ma conception. Quelques jours après, je me suis senti soulagé, mais je souffre encore de ne pas pouvoir en parler avec mes parents. »

Stéphane continue ce monologue pendant un certain temps. Il semble avoir besoin de s'entendre faire le récit de ses origines, en présence d'un tiers.

« Vous savez, poursuit-il, mon père, c'est mon père. Je n'ai nul besoin de m'en chercher un autre. Pour moi, c'est lui qui m'a élevé, il a été ni pire ni meilleur que le père de mes copains. C'est pour ça que je les trouve ridicules. Ils ont peur de quoi au juste ? D'eux-mêmes ?

Je considère que c'est à lui que je dois la vie et à aucun autre homme. Cela me troublerait plutôt d'avoir la possibilité de connaître le donneur. C'est curieux de se dire qu'on porte des cellules d'un inconnu. Il y a toute une part d'inconnu en moi, pour l'instant, ça ne me gêne pas. J'espère seulement que je pourrai avoir des enfants « naturellement » parce que je n'aimerais pas vivre ça à mon tour. D'ailleurs, je me demande, en parlant avec vous, comment mon père vivra le fait que je devienne père...

Au fond, le plus important c'est d'être en vie, et si mes parents ont dû en passer par là, tant pis, ou tant mieux !

En fait, je leur en veux surtout de ne pas avoir le courage de me dire la vérité.

Ils sont nuls avec leur soi-disant secret. C'est ça le plus triste pour moi. C'est comme s'ils n'avaient pas confiance en moi, comme s'ils se sentaient coupables. Mais ce sont des adultes ou quoi ? Ils ne se rendent absolument pas compte que je suis moi aussi un adulte.

Tant qu'ils ne m'en parlent pas ouvertement, il y aura comme une gêne entre nous. Moi, c'est décidé, je ne remettrai plus ce sujet sur le tapis, c'est à eux d'en prendre l'initiative s'ils le veulent. »

Est-il besoin de faire un commentaire sur ce long témoignage ? Tout est dit. Ce que les enfants pressentent plus ou moins obscurément, les adolescents s'en saisissent. Soit pour en savoir plus par eux-mêmes, soit pour l'enfouir, faisant comme si tout était réglé, ce qui évidemment ne peut qu'avoir un effet boomerang.

Ce n'est pas l'information en elle-même qui est importante, ce n'est pas tant la « vérité » dans son objectivité, c'est le dialogue que cela permet ou pas, c'est ce qui peut se tisser ou au contraire se défaire au moment du partage, au moment où la parole circule ou se tait.

« Un jour, explique Élodie, mes parents m'ont invitée au restaurant. Ils avaient quelque chose d'important à me dire. Je me suis demandé quoi. Cela semblait tellement solennel, j'avais peur qu'ils m'annoncent une maladie, ou leur séparation.

Quand ils ont commencé à me dire que c'était au sujet de ma naissance, mon cœur s'est mis à battre d'une manière terrible. Est-ce qu'ils allaient me dire que j'avais été adoptée ? Cela m'avait effleuré quelquefois quand j'étais petite...

Ils avaient du mal à trouver leurs mots, ils avaient beaucoup d'émotion. Ma mère pleurait. C'est mon père qui a fini par dire tout simplement : "T'es un bébé éprouvette ; on t'a eue grâce à une FIV." Heureusement que je savais ce que c'était, ils n'ont pas eu besoin de me donner des détails, ça m'aurait gênée, surtout de leur part.

J'ai presque eu envie de rire et de leur dire : "Ben, c'est que ça !" Avec leur mise en scène, je m'attendais à quelque chose de plus grave. Je me suis retenue devant l'émotion de ma mère.

C'est bizarre, à ce moment elle m'a paru plus vieille, plus fragile que d'habitude. Je n'avais jamais vu ma mère comme ça. Elle qui a toujours pris sur elle, qui a toujours donné le change, sa force des fois m'agaçait. Mais là, elle m'a paru touchante ; j'ai eu envie de la prendre dans mes bras et de la consoler.

Dans les jours suivants, j'ai mieux compris un certain nombre de choses, et surtout j'ai fini par leur pardonner de m'avoir toujours un peu trop couvée. »

À l'adolescence, la révélation d'une PMA par exemple peut accentuer la désidéalisation des parents. Ils perdent leur image de toute-puissance et retrouvent une image plus « humaine ». Cela peut accélérer et faciliter l'ouverture du jeune à d'autres modèles identificatoires. Mais cela peut tout aussi bien entraîner un effondrement narcissique transitoire : qui suis-je, moi qui viens de parents impuissants ?

D'une manière générale, dire à l'adolescent l'origine de sa conception remet en mouvement l'histoire, une fois passée la période d'ébranlement. Rétrospectivement, un certain nombre de choses s'éclairent pour lui et s'ordonnent en lui.

Quoi qu'il en soit, il me semble que l'adolescence est véritablement l'âge propice pour apprendre aux enfants qu'ils sont nés grâce à une AMP ou à une IAD.

Un adolescent est tout à fait prêt à entendre une vérité qu'il a en général toujours plus ou moins soupçonnée. Mettre des mots sur ce qu'on croit toujours avoir su, quel soulagement !

Par contre, il aura bien du mal à pardonner à ses parents un silence qui s'éternise, il prendra cela pour de la lâcheté.

Ils ont tellement besoin que leurs parents se comportent en adultes !

Au moment où ils sont face à des choix incommensurables, ils ont besoin d'avoir en face d'eux des adultes qui assument leur choix, qui se présentent comme des gens libres, et dignes, c'est-à-dire qui se reconnaissent dans ce qu'ils disent et dans ce qu'ils font.

Fort heureusement, en ce qui vous concerne, vous avez su mettre à profit le temps de l'enfance pour vous préparer à parler de tout cela avec votre adolescent et vous vous sentez prêts. Vous savez aussi que les mots les plus simples sont toujours les plus justes. Alors, si vous hésitez encore, faites simple.

Sans doute aussi, les souffrances liées à la conception de votre enfant sont-elles moins à vif, pour vous aussi. Vous l'avez vu grandir, cela vous a un peu rassurés, votre culpabilité est moins virulente. Devant votre gaillard de seize ou dix-sept ans, votre belle jeune fille, le fait qu'il/elle soit né(e) grâce à une FIV, une stimulation devient moins important. La présence physique de votre ado, son développement, la crise qu'il est en train de traverser, et dans laquelle il vous entraîne rendent moins prévalente, pour vous aussi, la question des modalités de sa naissance.

Néanmoins, dans le cas d'une IAD ou d'une AMP mal élaborée, attention à ne pas régler, à travers l'adolescent, les contentieux du couple.

Comment cette parole peut-elle être réellement libératrice ?

« Au cours d'une dispute entre mes parents, un jour ma mère était très en colère contre mon père. Et elle m'a sorti : "D'abord, ce n'est pas ton père." C'est comme si elle m'avait jeté ma naissance à la figure. Ça a été un véritable choc, dans toute sa violence. J'ai eu du mal à m'en remettre parce qu'en plus, je n'ai jamais pu en reparler après, calmement avec elle.

Mon père par contre m'a expliqué pour l'IAD, ça nous a rapprochés tous les deux. » Loïc, 16 ans.

Il s'agit de s'adresser *à* l'adolescent, pour lui restituer un élément biographique, il ne s'agit pas d'utiliser sa naissance comme un règlement de compte à l'encontre de l'autre parent. Ce qui est important pour lui, c'est de pouvoir se situer dans *son* histoire, non pas de rester prisonnier de l'histoire familiale.

Estelle est souvent déprimée, elle n'a pas beaucoup d'amies, ni de petit copain. Elle ne sort pas souvent et est plutôt introvertie. Elle doute beaucoup d'elle. Elle est pourtant plutôt jolie et sur le plan études, cela marche bien.

« J'ai toujours été un problème pour mes parents. Ma mère ne voulait pas d'enfants. Elle ne me l'a jamais dit comme ça, mais c'est sûr. Elle-même a été élevée par sa grand-mère, sa mère disait qu'elle travaillait trop, qu'elle ne pouvait pas s'occuper d'une enfant. Elle adorait sa grand-mère, et elle était toujours en bagarre avec sa mère.

C'est avec mon père que j'ai été le plus proche. Les câlins, les parties de rigolade c'est avec lui. Il est né dans une famille nombreuse, il adore les enfants. C'est toujours la fête quand on va chez ses frères ou sœurs.

J'ai cru comprendre que c'est lui qui a insisté pour avoir un enfant. Il a toujours dit aussi qu'il aurait bien aimé en avoir d'autres.

Il m'a clairement expliqué quand j'étais plus petite que j'étais un bébé éprouvette. Je ne sais pas si cela change quelque chose pour moi. Ce qui me préoccupe surtout c'est que je ne comprends pas pourquoi ils ont voulu un enfant. J'ai passé mon temps à compter les points entre eux deux. Ils auraient mieux fait de ne pas me faire !

Je suis sûre que si je n'avais pas été là, ils ne seraient jamais restés ensemble, ils auraient divorcé. »

Estelle, contrairement à d'autres, a toujours su ce qu'il en était des conditions de sa conception.

Ses difficultés ne sont pas liées à la PMA*, ni aux non-dits, elle aurait été conçue « naturellement » cela aurait sans doute été identique.*

Ses difficultés s'enracinent dans la place qu'elle a toujours eue dans le couple. Elle a été le trait d'union de deux personnes qui à la fois ne peuvent vivre ensemble et à la fois ne peuvent se séparer.

Son origine, c'est l'impossible amour du couple. C'est bien plus lourd à porter qu'une PMA*.*

Dire à l'enfant la vérité ne suffit pas, si on ne le libère pas de la fonction qu'il a dans le couple ou la famille.

La parole libératrice, c'est celle qui lève le risque des répétitions, qui permet d'interrompre l'enchaînement de transmissions psychiques morbides.

« C'est à la mort de ma mère que mon père m'a dit qu'ils avaient eu besoin d'une FIV *pour m'avoir. J'aurais tellement eu besoin d'en parler avec elle. Est-ce que moi aussi j'aurai du mal à avoir des enfants ? Elle est morte du cancer du sein, comme sa propre mère, et pratiquement au même âge, c'est-à-dire très jeune. Y a-t-il une malédiction dans la famille ? Est-ce que je peux échapper à ces funestes destinées ? »*

Sandrine s'est sentie dépossédée d'une parole de sa mère.

Elle est l'héritière d'une histoire familiale dans laquelle ce qui touche à la féminité, à la maternité semble difficile à vivre, quasi morbide. La fonction maternelle pose pour le moins problème, c'est cela qu'elle aura à dépasser. La FIV *vient renforcer encore cette difficulté à être mère, à en assumer la fonction symbolique et biologique. À présent, orpheline de sa mère, elle devra faire seule un travail susceptible de la libérer de cet enchaînement et de ces répétitions dévastatrices. Un travail notamment sur le transgénérationnel.*

Sandrine a perdu une mère avant que d'avoir pu la trouver. Comment deviendra-t-elle mère elle-même ? La parole sur la conception de l'enfant doit permettre à l'adolescent de se réconcilier avec sa féminité ou sa masculinité.

Pour être femme, pour devenir mère, il faut avoir tué symboliquement sa mère, mais quand celle-ci est réellement morte avant que l'élaboration libératrice ait pu être faite, on se retrouve avec une culpabilité débordante et encombrante. À qui pourra-t-elle crier sa colère et son indignation ! Avec qui pourra-t-elle partager ses doutes et ses inquiétudes face à sa propre féminité ?

Ce n'est plus seulement pour lui-même que l'adolescent a besoin d'en savoir plus.

Votre fille, votre fils va bientôt devenir origine lui-même, c'est-à-dire engendrer, donner à son tour la vie. Déjà se profile en lui plus ou moins vaguement cette nouvelle perspective.

« Quel sang coulera dans les veines de mon enfant ? Quelle part d'inconnu vais-je lui transmettre ? »

C'est quasiment en se projetant dans son futur et déjà en adulte qu'il interroge ses origines. Il attend que vous le considériez comme tel.

Si certains d'entre vous ont déjà abordé ces questions, quand leurs enfants étaient petits, il peut être utile de réactualiser l'échange. De nouvelles interrogations auront sans doute émergé depuis.

Plus le rapport des adolescents à leur origine biologique sera limpide, sans nœuds, plus ils se projetteront dans leur avenir.

Moins les ados auront à se préoccuper de leurs temps originaires, plus ils se propulseront dans leur vie d'adulte.

Moins il y aura de crispation sur leur naissance, plus ils s'ouvriront aux autres champs – chants ? – de l'origine : la culture, la religion, l'ethnie...

Parler avec lui de ses origines, c'est lui donner les moyens de voyager dans les multiples composantes de cette réalité.

D'accord, mais quand l'accès aux origines est barré pour une raison ou pour une autre, comment le jeune se débrouille-t-il ?

Certaines situations familiales peuvent rendre l'accès aux origines particulièrement difficile : mariage mixte, recomposition familiale, immigration, familles ayant vécu des traumatismes lourds. À l'adolescence ces barrages, souvent involontaires, se révèlent parfois de manière aiguë.

7

« Touche pas à mes origines »

« S'il n'y a pas d'autres Moi,
il n'y a pas de moi »
Tchouang Tseu

J'ai mal à ma peau !

Nadira est l'aînée d'une fratrie recomposée. Elle a un frère cadet, et une demi-sœur de cinq ans. Elle est aussi brune que les autres sont blonds.

Bonne élève jusque-là, elle refuse depuis quelque temps d'aller au lycée et ne veut plus passer le bac qui approche à grands pas.

« J'ai mal à ma peau » me dit-elle, d'entrée de jeu. « Depuis quelque temps j'ai de l'eczéma et aucun traitement n'en vient à bout... Je ne sors plus, je n'ai plus envie de voir mes amies. J'ai envoyé promener mon petit copain. »

Petit à petit, j'apprendrai que Nadira ne voit plus son père depuis l'âge de huit ans. Sa mère l'a toujours présenté comme un menteur, un filou, un homme malhonnête.

« Je suis en train d'oublier son visage... mais pourquoi n'a-t-il jamais cherché à me revoir ? J'ai de vagues souvenirs de lui, il jouait beaucoup avec moi, il me faisait rire...

– Il vous manque, votre père ?

– ... Je crois que oui..., dit-elle en pleurant à chaudes larmes. J'ai longtemps pensé que non, maintenant, je sais qu'il me manque... et puis je m'en veux d'avoir pensé du mal de lui, est-il si mauvais que ma mère et mon beau-père le disent ? »

Nadira est en plein doutes. Ses problèmes de peau en témoignent. Au moment où les adolescents cherchent à définir leurs frontières psychiques, la peau reflète leur fragilité. La peau, c'est ce qui s'expose au regard de l'autre. C'est un des premiers lieux de la rencontre avec l'autre. Qu'est-ce que je donne à voir que je ne veux pas révéler ? Qu'est-ce que les autres ne voient pas que j'aimerais qu'ils découvrent ?

Entre être et paraître, l'adolescent veut à la fois être vu, et se cacher. Toute leur ambivalence est là : peur à la fois d'être découvert, le regard est intrusion, et peur de ne pas être regardé, le regard est reconnaissance. Très dépendants du regard de l'autre, ils ont du mal à ne pas se sentir menacés.

Être bien dans sa peau, c'est être bien à *sa* place. « Justement, elle est où ma place ? À quelle place j'ai envie d'être ? À quelle place on me met ? » Entre la place assignée et la place espérée, le chemin est souvent fait d'errances.

« Je suis vraiment mal, en fait, depuis le mois dernier, poursuit Nadira. On a reçu la famille de mon beau-père. Ils m'ont mis très mal à l'aise, en faisant des réflexions sur mes cheveux frisés et sur mon type méditerranéen. C'était à la limite du racisme. Le pire, c'est que ma mère n'a rien dit.

Elle a rigolé avec eux, et mon petit frère n'a même pas été choqué ! Elle est d'origine bretonne, et mon père est kabyle.

J'ai ressenti comme un reproche chez ma mère. Pour la première fois, j'ai eu l'impression qu'elle regrettait de m'avoir fait avec un "métèque". Mais moi j'y suis pour rien. Comme si j'étais responsable de mes origines !

Je suis complètement paumée, j'entends déjà tellement de conn... au lycée, alors si même ma mère se met à en rajouter...

Je me sens bien seule partout, et maintenant aussi dans ma propre famille. On me renvoie en pleine figure et comme une tare les origines de mon père sous prétexte que je suis tout son portrait.

Quelle est ma place ? Je n'ai plus de lien avec la famille de mon père, ma mère a toujours refusé. Je ne sais plus ce que j'ai encore en commun avec ma famille maternelle. »

Nadira se sent exclue, rejetée d'une famille à laquelle elle n'a plus l'impression d'appartenir.

« Qui suis-je ? C'est la question que les autres posent », dit le poète palestinien Mahmoud Darwich.

Mon origine, je la découvre aussi dans le regard de l'Autre. La découverte est alors rarement gratifiante ! Elle s'est souvent chargée de clichés caricaturaux, de préjugés à connotations racistes. L'estime de soi est déjà tellement mise à l'épreuve à cet âge que la blessure est alors profonde et durable.

Dans le rapport à l'origine, les adolescents découvrent en fait toute la difficulté de la relation à l'Autre, toutes les subtilités de l'interpersonnel.

Le « Quelle est ma place ? » se heurte au « Quelle place est-ce que je fais à l'origine de l'Autre ? »

Le racisme commence quand on enferme l'autre dans son origine, quand on l'y restreint, quand on le juge et le condamne du fait de la couleur de sa peau, de son lieu de naissance, de sa religion... On le mure dans un système de causalités. « Il est ceci ou cela... à cause de là d'où il vient. »

L'origine est plurielle, nul ne peut être réduit à une seule de ses composantes originelles.

Mais à l'inverse, on peut générer du rejet quand on justifie ses conduites à partir de ses origines : « Moi qui suis originaire de... je ne peux pas faire autrement que... »

Les origines ne sont pas les causes, et ne peuvent servir d'excuse à des conduites inacceptables pour l'environnement.

Un sujet est toujours plus que son origine. Aussi importante soit-elle, elle ne révèle pas « La vérité » d'un homme, d'une femme, d'un enfant. Dans un livre remarquable, *Je suis noir et je n'aime pas le manioc,* Gaston Kelman refuse que les enfants soient enfermés dans des schémas préétablis, à jamais pétrifiés.

L'origine est un lieu à habiter, un site à partager, mais avec qui ?

Les réaménagements identitaires de l'adolescent et la relation à l'autre sont intimement liés. Car devenir soi-même, cela ne peut se faire qu'avec les autres. « Je deviens "je" en disant "tu"[1]. »

Ce qui sous-entend que le « je » et le « tu » se reconnaissent mutuellement et se respectent dans leur différence irréductible. Cette réciprocité signe la rencontre éthique.

L'échange devient alors une réalité vivante, mobile. Chaque identité s'y enrichit. La cohérence de l'être devient possible au cœur de cette rencontre éthique.

---

1. M. Buber, *Je et tu*, Aubier, 1938.

« La conscience morcelée peut ainsi se constituer comme unité dès lors qu'elle entre dans la relation personnelle. C'est la saisie de l'autre comme présence, qui constitue *ipso facto* le moi comme un "je", c'est-à-dire comme un sujet à la première personne dans une totalité unifiée et active[2]. »

La conscience de soi s'ordonne à partir de la conscience des autres.

L'altérité, c'est ce double mouvement : respecter l'autre dans sa différence mais accepter que l'autre me transforme. Faire place à l'origine de l'autre, c'est accepter qu'elle vienne quelque peu me déranger, me changer. La rencontre avec la différence de l'autre est toujours « bouleversante », elle nous fait découvrir des nouveaux territoires intérieurs de nous-mêmes, inconnus jusqu'alors. Elle déplace l'horizon vers de nouvelles terres. L'adolescent ou l'individu qui ne se nourrit plus de l'extérieur s'ampute d'une grande partie de ses potentialités.

Cependant, il faut d'abord avoir acquis une certaine sécurité intérieure pour que la rencontre avec l'autre soit possible.

Heureusement qu'il y a les potes !

Simon vient de fêter ses quinze ans avec sa bande de copains. Inutile de dire que tout l'immeuble en a profité ! Ses parents ont préféré partir. De toutes les manières, depuis pas mal de temps ils ont perdu toute autorité sur lui. Il n'en fait qu'à sa tête... accumulant les petits actes de

---

2. R. Misrahi, *La problématique du sujet aujourd'hui*, Encre marine, 2e édit., 2002

délinquance. Encore une chance qu'il soit peureux, il ne va pas trop loin dans les transgressions... Cependant ses parents s'inquiètent, sans parvenir à rétablir la communication avec lui.

Simon a toujours été un enfant difficile. Adopté à un an, il pleurait beaucoup. Il a toujours été en échec scolaire.

Il a un frère aîné de même origine africaine, qui a longtemps été un modèle d'identification, un véritable point de repère. Quand celui-ci est parti de la maison pour aller faire ses études, la violence de Simon envers ses parents s'est amplifiée. Il dit qu'il s'est senti abandonné une deuxième fois.

Simon ne supporte pas de rester seul face à ses deux parents. Sa mère a toujours été dépressive. Du plus loin qu'il s'en souvienne, il ne l'a pas vue heureuse, ni rire vraiment, ni sourire facilement. Elle est issue d'une famille « lourde » ; son père, alcoolique et violent, est parti quand elle avait quinze ans...

Le père de Simon est plutôt bourru, pas trop tendre non plus. Il n'a jamais hésité à le frapper quelquefois brutalement quand il ne travaillait pas bien en classe. Simon a toujours eu le sentiment qu'il y avait une sacrée différence entre son frère aîné et lui. Tout coulait plutôt bien avec Marc.

Son père a souvent eu des soucis dans son travail. Plusieurs fois au chômage, il était accaparé par des soucis d'argent. Simon a toujours entendu dire que lors de son arrivée dans la famille, la période était plutôt sombre. Son père venait de perdre pour la première fois son travail, et comme un malheur n'arrive jamais seul, son frère cadet, c'est-à-dire l'oncle de Simon venait de mourir d'un accident de voiture...

Au fond de lui, il s'est, plus d'une fois, demandé pourquoi son père et sa mère l'avaient adopté. Il ne s'est jamais vraiment senti aimé, ni intégré.

Ses parents expliquent ses difficultés par le fait qu'il a été adopté. Mais son frère aussi l'a été, et cela s'est bien passé. En réalité, l'adoption a encore bon dos pour justifier, expliquer ce qui ne va pas.

Les difficultés de Simon sont multifactorielles : souffrance non dépassée des parents, concours de circonstances dramatiques mobilisant l'énergie psychique des parents... tout cela ne permettant pas à la greffe mythique de prendre.

Mais heureusement, il y a tous les copains de l'immeuble !

À l'adolescence, d'une manière générale, la question de l'appartenance vient déborder la question de la filiation qui se posait de manière cruciale à l'enfance. La filiation inscrit l'individu dans une lignée, dans l'ordre du temps, c'est-à-dire de l'irréversible. L'appartenance ouvre sur l'extrafamilial, dans ce cas elle est élective, et évolutive. C'est un espace de liens et de solidarités structurés autour de valeurs communes, de buts partagés et choisis.

Le groupe auquel on appartient donne un sentiment de puissance et donc de sécurité, qui vient compenser la fragilité identitaire du jeune. Il y trouve une forme de reconnaissance par la fusion. Les bandes se formant souvent autour de critères ethniques, sociaux, religieux, ou de sexe, lieux d'habitation, etc. identiques qui permettent au « je » de se fondre dans le « nous ». L'identité du groupe permet de faire l'économie d'une quête identitaire personnelle bien exigeante. Cela représente une pause, un lieu de repos, avant de devenir un refuge.

À l'intérieur du groupe, les différences sont laminées, si ce n'est interdites, l'expression d'une trop grande singularité plutôt mal perçue. Il n'y a plus rien à justifier de son identité ni de son origine. On y retrouve une évidence existentielle. Le groupe offre un cocon identitaire. Il apporte des assurances que le jeune pense ne pas pouvoir trouver ailleurs. L'appartenance à un groupe vient se substituer à des frontières psychiques individuelles : il y a ceux qui font partie du groupe et tous les autres.

En contrepartie, il faut suivre scrupuleusement les règles, les codes du groupe, même s'ils s'opposent à ceux de l'extérieur. La loi interne du groupe ne peut être discutée sans risque d'être exclu.

L'appartenance à une ou plusieurs bandes, groupes est un fait banal et utile à l'adolescence. Choisie délibérément, elle permet de mettre en acte les orientations idéologiques de l'adolescent.

On constate à cet âge un fréquent retour à la religion ou à la culture d'origine qui participe au processus de recherche de sens, et de quête spirituelle. L'adolescent y trouve des réponses aux multiples questions qu'il se pose.

Cependant, toute appartenance est à double tranchant. « Pour le meilleur quand les croyances fournissent une éthique apaisante à des individus désorientés. Pour le pire quand le recyclage du communautaire construit des identités totalitaires et bellicistes... [3] »

Toute appartenance quelle qu'elle soit est ressource quand elle est mise en perspective avec d'autres appartenances. On existe dans un faisceau de liens, de lieux, qui se correspondent, s'entrechoquent, dialoguent. Le danger survient à partir du moment où le système de relations, le système de valeurs se

---

3. J.-C. Kaufmann, *L'invention de soi*, Armand Colin, 2004.

cristallise, se rigidifie autour d'une unique et exclusive appartenance. Excluant pour soi, en soi les autres composantes de sa réalité ontologique, on ne peut plus accueillir l'autre, on va avoir tendance à l'exclure ou à s'exclure.

Si l'appartenance à un collectif délivre utilement d'une partie des angoisses existentielles, elle ne saurait venir à la place d'un travail d'élaboration personnelle. Toute appartenance n'est féconde qu'à partir du moment où on interroge régulièrement son choix. « Pourquoi suis-je là ? Cela a-t-il encore un sens pour moi ? » Si elle ne laisse pas de place à la remise en cause, aux doutes, l'appartenance peut devenir dangereuse.

Le groupe peut piéger un individu fragile, et l'amener à une crispation sur les origines.

Dans ce cas, le processus identitaire risque de s'alimenter du rejet de l'autre. L'ego ne peut être bon que si l'autre est mauvais, il a besoin de bouc émissaire pour externaliser les conflits qui existent en lui. Il est plus facile de dire que l'autre me menace, plutôt que d'affronter les menaces intérieures. Il est plus facile de dire que l'autre est mauvais plutôt que d'aller voir du côté des zones sombres qui sommeillent au plus profond de soi. Ces évitements, mal refoulés, peuvent faire retour sous forme de violence ou de symptôme.

J'me sens partout étranger

Jérémie, quinze ans, est né d'un mariage mixte. Son père est chrétien, sa mère est juive. Tant que le couple s'entendait bien, cela ne posait aucun problème spécifique. Aucun des deux parents n'étant particulièrement attaché à sa religion, il a été élevé de manière laïque.

Quand ses parents se séparent, en assez bonne intelligence, il a six ans. Sa mère se remarie avec un homme de même religion qu'elle, ce qui donne à Jérémie l'occasion de découvrir cette culture et cette pratique. Les frères qui naîtront de cette union seront d'ailleurs élevés, très tôt, contrairement à lui, dans le respect de certaines observances.

À l'approche de ses treize ans, il envisage de faire sa bar-mitsva, à la grande satisfaction de sa mère, de ses grands-parents maternels, et de son beau-père.

Il souhaite la faire, en toute sincérité, sans avoir subi de pressions quelconques. En effet, depuis un certain temps les fêtes, les prières le touchent. Il se sent en accord avec la spiritualité juive, et la bar-mitsva serait pour lui un mode d'engagement important. Il se sent juif, et a envie d'être cohérent.

Compte tenu de l'ouverture d'esprit dans laquelle ses parents l'ont élevé, tout en étant séparés, il ne pensait pas que ce projet allait soulever autant de remous.

Et pourtant ! Le père s'est mis en colère contre la mère qu'il accusait de « bourrage de crâne », ce qui était vexant et pour elle et pour Jérémie. Il s'y est, dans un premier temps, fortement opposé, déclarant que si son fils persistait, de toutes les manières, il ne viendrait ni à la cérémonie, ni à la fête.

Chaque fois qu'ils se voyaient, le père faisait la tête et remettait ça sur le tapis.

Jérémie n'aurait jamais imaginé une telle réaction, il pensait tellement bien faire ! Lui, plutôt bon enfant, ne voulait faire de peine à personne. Et là c'est tout juste si son père ne le reniait pas comme fils.

Inutile de vous dire les conflits de loyautés et la culpabilité qui ont tenaillé Jérémie !

En devenant lui-même, il avait le sentiment de trahir son père, et en même temps pour être fidèle à ses convictions propres, il ne pouvait pas renoncer à sa décision.

Il lui faudra encore quelques mois, beaucoup de courage et d'entêtement pour réussir à convaincre « sa branche paternelle ».

Le choix entre deux filiations, le « ou bien... ou bien » fractionne l'identité, et l'appauvrit. Une part de soi devient inaccessible. Permettre à l'adolescent de vivre ses différentes appartenances, dans leur complémentarité, l'aidera dans son travail d'intégration psychique et identitaire. Nul doute, l'attitude des parents est déterminante. En ne barrant pas l'accès à une des origines, on lui permet de faire en lui l'expérience intime de la pluralité, de la complexité, ce qui ne peut que favoriser son acceptation de la diversité humaine.

Il faut reconnaître que certaines situations d'immigration, par exemple, peuvent renforcer les clivages de manière plus radicale encore.

Éric a toujours mal vécu le fait d'être bon à l'école, alors que ses frères et sœurs sont en échec scolaire. Il faut dire que très tôt, il a eu une maîtresse qui lui a donné envie de lire. Et il ne s'en prive pas, lui qui a des parents illettrés.

Au début, il osait à peine amener ses livres chez lui, il était la risée de la famille. Sa mère, fière de lui, se montrait cependant inquiète : « Ça va te donner mal à la tête. » Son père était plus ambivalent. Comme pour se faire pardonner son intérêt pour la culture française, il en faisait beaucoup pour sa famille, il gérait tout ce qui était administratif.

Ses parents, originaires du Bénin, n'étaient retournés qu'une fois au pays, quand il avait cinq ans. À part cela, ils n'en parlaient jamais. Lui-même était né en France, à la différence de sa fratrie. Son retour au pays, il en a un souvenir cuisant, malgré son jeune âge. Il se rappelle qu'il avait été content d'être accueilli par la famille, mais il se sentait si étranger déjà ! Il ne parlait pas la même langue, il s'était senti à l'écart alors que ses frères et sœurs comprenaient un peu plus et semblaient à l'aise.

En même temps, en France, l'intégration n'est pas toujours simple.

« Finalement je viens d'où ? Je ne me sens pas chez moi dans le pays de mes ancêtres, et ici, quand je me sens totalement français, il y a toujours un imbécile qui rappelle que je viens d'ailleurs. »

Quelquefois l'origine est vécue comme un « non lieu ». On se sent entre deux rives, deux lieux, deux langues. Nulle perception de ponts possibles. Tout semble clivé. Le jeune cherche alors un site pour s'inscrire, un sol pour exister, un territoire pour assurer ses pas et son identité.

L'immigration opère, en effet, une rupture dans les transmissions. Les enfants nés sur la terre d'accueil auront tout à inventer, au risque de devenir des étrangers inassimilables à leurs propres familles et lignées. Ils reçoivent souvent le double message paradoxal : intègre-toi, mais reste semblable à nous.

Fratries, parents et enfants n'ont, ainsi, pas tout à fait les mêmes origines, il y a comme une ligne de partage symboliquement forte entre ceux qui sont nés ici et ceux qui sont nés là-bas.

L'ailleurs est perdu, le ici n'est autorisé souvent qu'au prix de déloyauté et de trahisons envers les ascendants.

Pour grandir, l'enfant migrant est souvent inscrit dans un clivage entre le monde de la culture familiale et le monde du dehors, celui de l'école et des apprentissages. L'affect demeure arrimé au monde familial, l'accès à la symbolisation, au savoir appartient à l'école.

Tout cela demande une grande énergie psychique, mais bien sûr peut être dépassé de plusieurs manières.

Quelquefois, cela se fait au prix d'une rupture radicale avec les parents.

Qu'est-ce qui est rejeté alors ? Le vécu du trauma des parents, entre autres.

À travers les silences des parents, est transmise cependant leur souffrance, leur détresse. Dans l'impossibilité fréquente de pouvoir parler du temps, du lieu d'« avant », se transmet le vécu insoutenable, inénarrable de la déchirure portée par l'exil. « Mon corps est ici, mon cœur est là-bas, mais je ne peux rien en dire. » Le trauma est ineffable, les parents deviennent détenteurs d'un savoir inaccessible. Ce qui est transmis, c'est cette non-mémoire, ces non-souvenirs.

Dans ce qui demeure indicible, est pourtant véhiculé l'affect de la perte, perte du sol premier.

Ces vécus viennent faire écho au sentiment de division de l'adolescent et lui sont d'autant plus insupportables qu'ils restent inaccessibles à la parole, donc à l'élaboration libératrice.

La rupture, le rejet des parents, et conjointement de l'origine peut s'avérer vital pour certains jeunes. C'est bel et bien un moyen de défense psychique, contre les affects trop lourds, trop envahissants de ses parents. Quelquefois c'est dans ce rejet, voire reniement ou déni, que le jeune pourra se forger un sol pour exister, son sol à lui. Mais quelle culpabilité !

L'enfant né « ici » peut être insuffisamment investi par des parents dépressifs, ou au contraire il peut être surinvesti, étant représenté comme le garant d'une intégration possible. Il portera sur lui alors une surdétermination de la réussite, quelquefois trop lourde à porter. Une mise à l'écart des origines peut être un moyen de se défendre des trop lourds projets familiaux.

L'adolescent peut aussi opter pour la fidélité et la loyauté vis-à-vis des origines parentales, s'il veut par exemple réparer une injustice, reprendre à son compte l'histoire des générations passées. Dans ce cas, attention à ne pas mettre en péril sa propre intégration.

Dans un maillage quelque peu inextricable, la question « que puis-je faire de mes origines ? » se heurte à « que vais-je faire des origines de mes parents ? ».

Toute la question est de savoir quelle distance prendre alors par rapport aux origines des parents.

Retour aux sources

Peut-on encore considérer Pierre comme un adolescent ? Il a vingt ans quand il organise un voyage en Algérie. Né en France et élevé par ses deux parents, il a toujours souffert de l'absence de son père, très occupé par son travail. « C'est un homme muet » dit-il.

Enfant, il a eu du mal à s'identifier à lui, il avait l'impression de vivre à côté d'un étranger, insaisissable.

Son père est pied-noir ; mais il ne parle jamais d'Alger, sa ville natale. Bien sûr, il raconte quelques anecdotes ensoleillées et épicées, mais finalement banales, qui ne parlent pas véritablement de lui.

C'est en interrogeant ses oncles et tantes, ses cousins qu'il apprit les conditions de retour en France de son père.

En pleine guerre, sa famille a dû partir précipitamment. Elle ne doit la vie qu'à la complicité d'amis kabyles qui l'ont informée à temps qu'elle allait être la cible d'un attentat imminent.

Pierre a souvent eu l'impression que son père n'en était pas revenu de l'Algérie. Il en est parti pourtant presque enfant, à peine ado. C'est comme si toute une partie de lui était restée là-bas, attachée encore, arrimée à ce pays si chéri, peut-être auprès de son propre père, mort très tôt. A-t-il l'impression qu'il ne lui a pas dit au revoir ? Rester nostalgique, est-ce un moyen de rester fidèle aux anciens, aux morts, aux ancêtres ?

Depuis l'âge de quinze ans, Pierre ne rêve que de retourner à Alger. Malgré l'opposition et la désapprobation quasi totales de la famille, il finit par l'organiser, son voyage ! Cher entêtement des adolescents.

Personne de la famille n'y participera, mais tout le monde en attend beaucoup. Pierre part chargé de missions par les uns et les autres. « Tu iras voir la maison où j'ai grandi, mon école, la tombe de ma grand-mère, le café où on mangeait des créponnés... tu me ramèneras ces épices, il n'y a que là-bas qu'elles ont vraiment du goût... » Son père est particulièrement touché par son geste. Finalement, Pierre se demande s'il n'attendait pas que ça.

Pierre part donc quasiment aux lendemains de ses vingt ans, accompagné d'un copain de fac originaire d'Alger, qui ira passer les vacances dans sa famille vivant là-bas.

« Ça a été incroyable, quand je suis arrivé au port, quand j'ai marché dans les rues, j'avais l'impression de reconnaître ces lieux. J'avais une impression d'étrange familiarité, pourtant auparavant, j'avais vu bien peu de photos. Mais là, ces couleurs, ces odeurs, ces bruits, j'étais chez moi d'emblée, je n'étais pas en territoire inconnu, il me semblait les connaître depuis toujours, comme s'ils avaient fait partie de moi depuis toujours. Inutile de vous dire l'émotion qui m'a submergé, je n'ai pas pu m'empê-

cher de pleurer. Mon père, dans ses silences, m'aurait-il fait passer plus de choses que je n'imaginais ?

J'étais parti à la recherche de mon père, et je trouve des souvenirs de choses que je n'avais pas vécues ! On pourrait me prendre pour un fou !

Je suis bien sûr retourné dans le quartier et dans l'immeuble où ma famille avait habité. Quel accueil chaleureux ! Ses anciens copains se rappelaient bien de lui, ça fait pourtant longtemps. Devant mon étonnement, ils m'ont dit : "Mais on était comme des frères, on faisait les 400 coups ensemble, même si le vendredi on allait à la mosquée, et que le samedi ton père allait à la synagogue, ceux de l'immeuble d'à côté, ils allaient à la messe le dimanche, on allait tous faire cuire le pain dans le four banal..." Ils m'ont raconté des anecdotes, ont sorti les photos... J'ai même rencontré ceux qui ont protégé ma famille. C'était extraordinaire.

Mais là où j'ai été déçu, c'est que j'étais parti à la recherche d'un père, et j'ai trouvé un gamin. L'individu dont on me parlait, dont on me montrait les photos était plus jeune que moi !

Malgré ce voyage, mon père reste un étranger, mais au moins ça m'a réconcilié avec lui. On partage maintenant quelque chose. Je ne lui en veux plus de son mutisme. Ça m'a permis de faire ce voyage. Maintenant j'ai l'impression qu'il me regarde autrement.

Le moment le plus émouvant, c'est quand j'ai pris le bateau du retour. J'ai ressenti ce qu'il avait dû éprouver en voyant le port d'Alger s'éloigner dans le lointain, pour toujours. J'ai vécu en moi la blessure de la déchirure.

Je voulais absolument repasser dans les pas de mon père, maintenant, je me sens libéré du poids de cette histoire, je peux la classer. Je n'ai peut-être pas retrouvé mon père là-bas, mais j'ai trouvé un sol, des amis, des couleurs, des odeurs que je peux mettre sur mon origine. Le fait d'être français d'origine pied-noir, je sais bien ce que c'est. Je suis d'ici et un peu d'ailleurs. »

Le retour aux origines est souvent vécu comme un retour aux racines, à la terre, c'est-à-dire à des éléments concrets, matériels, palpables. On y va pour voir, toucher, sentir. C'est quelquefois un besoin irrépressible. Qu'y cherche-t-on ?

Avant tout à rétablir le lien avec l'histoire d'« avant », inconnaissable et pourtant agissante encore psychiquement.

Il s'agit de reconstruire la trame d'une histoire faite de trous. On tisse du symbolique à partir de ce qui parle au corps.

On goûte, on mange ce qu'ont mangé les parents, on intègre, on place dans le corps ce quelque chose que d'autres ont ingéré avant nous. On s'approprie ses origines en les incorporant littéralement.

C'est comme si on faisait revivre en nous les ancêtres. Leur histoire se poursuit en nous.

Retour oui, mais, s'il vous plaît, que ce soit pour remettre en mouvement, et créer du nouveau. Retour oui, mais avant tout pour s'ouvrir à un nouveau départ.

Pierre n'a pas découvert l'Algérie de son père, mais il a créé *sa* propre Algérie. La terre n'est plus alors la terre perdue des parents, mais une terre nouvellement découverte.

Son voyage lui a permis de constituer *sa* propre mémoire. Il en revient Autre, changé. C'est à partir de ce moment que le retour aux sources est libérateur. À partir de ce qui est désormais commun, partagé, il a pu construire son propre récit. Ce retour aux sources lui a permis d'intégrer sa filiation mais aussi sa différence, son individuation.

Les origines singularisent un individu à partir du moment où il les reconnaît, les ignore, les renie, les transmet, les oublie. Il faut s'autoriser à les bousculer, pour mieux les respecter. Cela insuffle du mouvement, de la vie. Ainsi Pierre a éprouvé le besoin de transmettre à son tour. Il ramènera de son voyage un film qu'il commentera pour la joie de tous, petits et grands.

Méfions-nous de toute forme de sacralisation des origines qui pourrait faire obstacle au véritable travail de subjectivation. C'est le risque potentiel et le piège du retour aux sources.

« Je n'aime pas le mot "racines" et l'image encore moins. Les racines s'enfouissent dans le sol, se contorsionnent dans la boue, s'épanouissent dans les ténèbres. Elles retiennent l'arbre captif dès la naissance et le nourrissent au prix d'un chantage : "Tu te libères, tu meurs."[4] »

Les origines ne sont pas une réalité immuable, inaltérable qui parlerait d'une pureté perdue qui serait à sauver et à préserver. Ce genre de dérive mène l'humanité aux pires crimes. Il n'existe pas de « moi pur originel » qui serait à rechercher, à retrouver en remontant le temps. Rien ne perdure à l'identique à travers le temps. Les lieux et temps originaires sont toujours perdus, qu'on les ait connus ou non. Accepter cette perte nous projette dans le futur, dans une dynamique féconde.

La recherche des origines peut à un moment devenir une fuite en arrière, l'adolescent s'épuise dans une quête sans fin et peut-être même sans objet, dans une logique nostalgique, tournée vers le passé. C'est une manière régressive de ne pas quitter l'enfance.

« La recherche d'origine tel un ciel bleu n'est qu'un leurre. Les commencements sont bas. Le matin éclairé du monde n'existe pas, ce qui permet parfois à l'homme, à la femme

4. A. Maalouf, *Origines*, Grasset, 2004.

d'éclairer le monde[5]. » Michel Foucault rappelait que l'acte philosophique consiste à créer « l'irréversible de la séparation d'avec l'origine ».

Remonter le temps pour expliquer l'histoire : fiction ! Imaginer l'origine comme quelque chose de métahistorique, anhistorique qui renfermerait les significations du présent, rien de mieux pour s'aliéner et s'enfermer dans un système de causalité où ce qui se passe aujourd'hui, ce qui se passera demain s'explique par ce qui s'est passé hier.

C'est aller dans le sens contraire de l'histoire du sujet, c'est l'enfermer dans un destin forcément pénalisant et sclérosant. C'est ne pas reconnaître et admettre que l'histoire s'écrit dans un faisceau de hasards et de contingences.

Prendre acte que la séparation d'avec les temps originaires, les lieux originaires a bien eu lieu, et de manière irréversible, cela permet de recréer en soi les ressorts de cette énergie vitale, primordiale.

Ne plus chercher l'origine dans le passé permet d'être sans cesse dans un processus de créativité.

Devenir soi-même, quel boulot !

La problématique adolescente nous plonge en plein cœur de la bourrasque qui a bouleversé de part en part nos sociétés occidentales postmodernes. Elle nous renvoie à la révolution anthropologique que nous avions commencé à aborder au chapitre 5 et elle l'éclaire autrement.

Car nous sommes bien, en effet, dans l'après-modernité. La modernité fut portée, traversée par le souffle puissant d'un

---

5. A. Farge, « Souvenir d'un dérangement », in *Le Magazine littéraire*, octobre 2004, « Michel Foucault ».

espoir immense. Les temps modernes croyaient dur comme fer au progrès social, économique, humain. Ils ne doutaient pas que les avancées scientifiques ne puissent apporter leur lot d'épanouissement à l'humanité entière. Le bonheur, la justice, la fin des épidémies, de la faim dans le monde en seraient l'aboutissement inéluctable.

Aujourd'hui, que de désillusion !

Les progrès scientifiques laissent désormais l'individu seul devant sa conscience, face à lui-même, à ses interrogations, ses doutes, ses angoisses.

Les avancées économiques ont souillé et appauvri la planète, accentuant les déséquilibres mondiaux, faisant plonger l'Afrique, ce berceau des origines de l'humanité, dans un désastre humanitaire sans précédent.

Partout, on observe la montée des communautarismes, s'organisant souvent autour du rejet et de la peur de l'autre.

Les références à Dieu, justifient quelquefois les actes terroristes les plus barbares. L'universalisme annoncé de la justice laisse la place à un hors la loi généralisé.

Bref, ce monde désenchanté, cette société qui se cherche ne sont pas sans évoquer l'ébranlement de l'adolescence.

La notion même d'invention de soi, de quête identitaire est fortement liée à notre époque.

Dans les sociétés traditionnelles, la place, la fonction de chacun étaient assignées par le groupe. Les valeurs, la vision du monde étaient transmises. Les rituels permettaient à chacun d'intérioriser les attentes du groupe à son égard. L'adolescence d'ailleurs n'était pas encore inventée puisque les rituels permettaient le passage de l'enfance à l'âge adulte.

Chacun était ce qu'il était, et ne pouvait même pas s'imaginer autrement, ni ailleurs. L'identité était octroyée et subordonnée souvent par la naissance, le nom, le lignage. Bref, elle ne relevait pas d'un processus autonome. Donnée par le groupe, transmise par les générations des ancêtres, l'identité était forte et structurée. Elle était quelquefois entièrement contenue dans le nom, nom du lignage.

L'identité était en parfaite adéquation avec les attentes du groupe puisque construite uniquement par lui, ce qui en garantissait la permanence.

Le prix de cette cohérence, de cette unité, c'était la répétition. Rien ne changeait, à l'image du cosmos rythmé par la circularité du temps, des saisons.

Et puis, les temps modernes sont arrivés, bousculant la référence à un temps qui n'a cessé de s'accélérer. L'homme moderne a gagné en espérance de vie et pourtant le temps lui manque toujours.

Notre contemporain est un individu essoufflé qui doit sans cesse s'adapter à un monde en perpétuel changement. Pensez donc, même le cosmos ne cesse de créer du neuf ! Alors quelle stabilité identitaire voulez-vous espérer dans ce monde en ébullition. Sa vie l'amènera à des prises de rôles multiples de manière simultanée et successive, qui augmenteront d'autant plus son sentiment de fragmentation et ses conflits de loyautés.

Entre-temps Nietzsche a déclaré que Dieu était mort, et le ciel vide laisse désœuvrés tous ceux qui ont renoncé à le chercher.

Alors, notre société serait-elle adolescente ?

En tous les cas, la problématique adolescente nous interpelle tous, quel que soit notre âge. Aujourd'hui, l'identité est devenue incertaine, elle perd sa cohérence, son unité. Les repères existentiels se dissolvent, le sens ne vient plus d'en haut. Il paraît que l'adolescence même fait sa crise.

Nous voici donc sommés de nous inventer nous-mêmes, de devenir *soi*, de donner un sens à notre vie. L'identité devient une affaire individuelle. Sa construction devient un travail à part entière. « S'inventer soi-même ne s'invente pas...[6] »

Cela nécessite un coût psychique non négligeable. « L'invention de soi, perspective irrépressible et fascinante de responsabilité et de liberté, ouvre parallèlement sur l'horizon de désarroi, d'implosions individuelles et d'explosions collectives, car il n'existe rien de plus difficile à canaliser que l'énergie mentale d'affirmation de soi, pourtant de plus en plus indispensable[7]. »

Une science récente a même vu le jour pour expliquer comment cette élaboration s'effectue, des praticiens peuvent soutenir en cas de défaillance des « moi » fatigués, perdus... il s'agit des « psy » si je ne me trompe.

Ne rêvons pas, cette nécessaire invention de soi représente un effort intense, qui risque de creuser des inégalités encore plus irréductibles que les inégalités économiques et sociales.

Quoi qu'il en soit, cette nouvelle donne identitaire nous force à perdre encore une illusion, celle de la sacro-sainte fidélité à soi-même.

« La créativité identitaire est un élan vital qui, en produisant une sortie de soi – soi habituel – rend le moi plus fort...[8] »

L'invention du soi suppose la sortie de soi, dans un mouvement de désocialisation et de désappartenance transitoires

---

6. J.-C. Kaufmann, *op. cit.*
7. J.-C. Kaufmann, *op. cit.*
8. J.-C. Kaufmann, *op. cit.*

qui suppose une socialisation et une appartenance antérieure suffisamment forte et assurée pour pouvoir se développer dans de bonnes conditions.

Ne pas être adéquat à son image, briser l'enfermement de la fidélité à soi-même, c'est refuser sa finitude. Être soi suppose et implique une mobilité, un déplacement ontologique incessant. L'homme n'est pas, il est en devenir incessant. Il n'existe que dans l'émergence de figures nouvelles ; dans une altération constante de soi-même.

Tout le paradoxe de l'humain se confirme. On ne se trouve qu'en étant toujours Autre. Pour exister dans sa dignité d'être vivant, il faut sans cesse se défaire de ce qu'on est, en éprouvant quelque chose de l'ordre d'une non-coïncidence à soi-même, douloureuse certes mais féconde.

Quoi qu'il en soit la fonction de l'origine a changé. Que ce soit la composante biologique, symbolique, culturelle, religieuse, spirituelle, ethnique de l'origine, aucune d'entre elles ne conditionne plus la vie d'un sujet. Les origines ne signent plus la destinée d'un homme.

Cette nouvelle donne sociétale place tout un chacun face à la dialectique liberté-déterminisme, qui s'impose de manière particulièrement âpre à l'adolescence.

On comprend un peu mieux pourquoi les adolescents font autant d'effet sur les adultes ! Ils servent de caisse de résonance à des interrogations qui émergent à la puberté mais n'en finissent pas de nous tarauder tout au long de l'existence, même si l'âge permet petit à petit de les aborder plus sereinement.

Autour de quoi s'articule cette dialectique ?

L'individu postmoderne doit à la fois savoir être nomade et enraciné, inscrit dans une mobilité qui le place au cœur d'une histoire qu'il reconnaît comme sienne mais en même temps qu'il tente de diriger, d'orienter.

Le moi n'est pas libre de s'inventer comme il le souhaite, mais, à la jonction des multiples interactions avec son environnement, il peut développer des formes nouvelles.

Les déterminismes sociaux, historiques aussi puissants soient-ils sont eux-mêmes impliqués dans un monde qui leur donne un sens nouveau, leur pression diminue sur l'individu au fur et à mesure que le monde change.

Se déprendre de son destin, au profit de sa liberté, choisir sa vie, engendre bien souvent la « fatigue d'être soi ». Elle constitue alors le prix à payer. « La passion d'être soi a pour contrepartie le mariage de la dépression et de l'addiction. Donner sens à sa vie n'a rien d'une sinécure[9]. »

Alors comment aider nos adolescents ?

On ne peut le nier, à la recherche d'eux-mêmes, ils nous font vaciller. À l'âge de l'adolescence de nos enfants, nous atteignons nous-mêmes l'âge des premiers bilans de notre vie.

Ils réclament leur indépendance, mais nous-mêmes avons-nous réussi à couper avec nos parents ? Ils ont soif d'absolu, et pendant ce temps-là, quelle vie de couple menons-nous ?

Quand ils déclarent qu'ils ne veulent pas faire un métier de c..., cela nous renvoie à la manière dont nous nous situons dans notre travail.

En fait, les adolescents sont les révélateurs de ce que nous sommes. Ils nous renvoient impitoyablement à nos failles, à

---

9. A. EHRENBERG, *La fatigue d'être soi*, Odile Jacob, 1998.

nos fragilités. « Et vous qu'avez-vous fait de vos origines ? » semblent-ils nous demander.

Et si, justement, nous profitions du séisme que représente l'adolescence de nos enfants, pour repenser notre propre existence, pour nous resituer par rapport à nos origines personnelles ?

C'est en nous voyant faire ce chemin pour nous-mêmes qu'ils se sentiront le plus épaulés, accompagnés, stimulés.

Avec les adolescents, il s'agit moins de parler que d'être.

Ils vivront d'autant mieux cette période, qu'elle aura été pour nous aussi une crise de croissance féconde, l'occasion de réaménagements profonds nous amenant au plus près de la richesse de notre vie, de sa force créative.

N'en doutons pas, pour autant qu'elle soit inconfortable, douloureuse quelquefois, l'adolescence de nos enfants est pour nous l'occasion d'une naissance ou renaissance étonnante.

Dans cette perspective, l'adolescence de notre enfant peut aussi devenir origine pour nous.

Transmettez, transmettez, il en restera toujours quelque chose

Jacques a quarante-cinq ans, il est père de trois enfants dont l'aîné, Jules, vient d'avoir quinze ans. Jacques est étonné de voir que presque tous les copains et les copines de son fils sont d'origine maghrébine. Et cela ne le laisse pas indifférent.

« Quand je vois mon fils, je me revois au même âge. Autant il me ressemble physiquement, autant le monde dans lequel il évolue, les conditions de vie, c'est le jour et la nuit.

J'ai vécu une enfance et une adolescence à la Zola. Misère, alcoolisme de mon père, maladie de ma mère, une famille nombreuse où les plus jeunes subissaient la loi des plus grands. Je m'en suis sorti, mais au prix de quoi ? J'avais compris très tôt que la réussite à l'école était mon seul moyen de survie. J'ai tout misé là-dessus. Et je suis devenu ingénieur.

Le plus dur, après coup, ce n'est pas tant la souffrance, elle vous marque un individu, mais on peut la dépasser. Ce que j'ai encore du mal à assumer c'est la honte que j'avais de ma famille. Car oui, j'avais honte... au point que dès que je l'ai pu, j'ai changé de nom et de prénom. Ma famille était marocaine. Je suis parti très tôt de chez moi, et j'ai tout renié en bloc, le nom, les origines, la religion, la culture.

Je pense avec le recul que ça a été vital, mais je n'en sors pas indemne. J'ai longtemps porté une profonde culpabilité. J'ai fait un travail personnel qui m'a beaucoup aidé. Et j'ai rencontré une femme super.

En fait, je suis en rupture totale avec mes frères et sœurs, qui ne m'ont pas pardonné ce qu'ils ont considéré comme une trahison. Pour couronner le tout, ils m'accusent d'avoir « tué » notre père, qui n'aurait pas supporté ça. Ma mère l'a suivi peu de temps après.

Depuis leur enterrement, je n'ai plus revu personne.

C'est vrai, je n'ai plus rien en commun avec cette famille, sur aucun plan.

Est-ce que ça me manque ? Je ne sais pas très bien au juste.

Ce qui est extraordinaire c'est que depuis quelque temps, Jules m'a posé beaucoup de questions sur le Maroc, sur la culture. On est allé ensemble chercher des disques de raï. Il a voulu que je cuisine avec lui un ou deux plats traditionnels. Il m'a même demandé à aller en vacances là-bas. Qui sait ? Ce sera peut-être une occasion de retourner sur la tombe de mes parents... Maintenant grâce à mon fils, je me sens un peu plus réconcilié avec toute mon histoire... »

La transmission est quelque chose de bien particulier. On pense faire passer une chose, c'est une autre chose qui est saisie par les enfants.

On ne transmet jamais tout à fait ce que l'on voudrait, et en même temps, on ne peut pas ne pas transmettre.

C'est souvent le fait de la transmission inconsciente, qui comme un feu follet court à travers les générations.

À présent ce processus est mieux connu. Et nous avons tous en mémoire ou autour de nous des situations étranges, dans lesquelles les choses se répètent de génération en génération, ou bien où d'apparentes coïncidences ne cessent d'étonner.

Telle femme qui a eu un enfant adultérin et qui apprend, à la mort de sa mère, qu'elle en était un elle aussi.

Tel homme a toujours souffert de claustrophobie, et il apprendra sur le tard qu'un de ses arrière-grands-pères était mort en prison...

C'est dire que nos héritages symboliques nous surprennent tout le temps. Nous inscrivons donc nos enfants dans des filiations psychiques qui échappent à la conscience jusqu'au jour où un symptôme, une difficulté nous laisse entrevoir une piste.

Les filiations psychiques sont peut-être les moins facilement accessibles... Mais courage, on s'en libère.

Chaque génération transforme en effet son héritage.

« La transmission n'opère qu'à la jonction de ce qui persiste et de ce qui s'invente, dans l'interstice fragile et mouvant créé par la différence des êtres, des cultures, des temporalités [...]. Chaque génération doit négocier la façon dont elle va porter l'héritage des générations qui l'ont précédée. Car chaque génération est confrontée à une réalité sociale et historique nouvelle avec ses valeurs propres, ses contradictions [...]. Il n'y a pas de générations qui soit dispensée de cette tâche propre au travail de succession[10]. »

Cet âge où nos ados s'inscrivent activement dans ce processus de transformation, où ils prennent un peu le relais de ce travail de succession, qu'ouvre-t-il comme perspective pour nous-mêmes ? Leur croissance nous place autrement sur l'échelle générationnelle, sur le déploiement des processus de transmissions. N'est-ce pas une occasion majeure pour aller vers un peu plus de sérénité ?

Jusqu'à présent, nous avons dû batailler plus ou moins douloureusement avec nos origines, nous les avons utilement « triturées, bousculées », ne pourrait-on commencer à nous diriger vers le temps de la réconciliation ? De quelle manière ?

Le chant apaisé de l'origine passe par notre capacité à pardonner.

Pardonner à nos propres parents, aux générations passées leurs insuffisances, leurs manques, c'est-à-dire les accepter comme tels. Ne plus leur en vouloir de ce qu'ils n'ont pas pu ou su nous apporter, nous offrir. Ne plus rien attendre d'eux nous libérera et nous permettra de donner à notre tour.

Car oui, il s'agit bien de circulations de dons. Et nous parents, nous en sommes la courroie de transmission indispensable.

D'un côté, il y a le pardon envers les ascendants. Pardonner – *perdonare* – veut dire étymologiquement « donner totalement, faire grâce, épargner, ne pas tenir rigueur... »

D'un autre, il y a la transmission envers les jeunes générations. Et transmettre, c'est avant tout donner.

10. A. MUXEL, in*dividu et mémoire familiale*, Nathan, 1996.

Être parent nous situe dans cette dialectique, fondatrice de l'éthique familiale : plus on parvient à par-donner à ses parents, plus on enrichit le mouvement des transmissions.

Mais donner, qu'est-ce que c'est ? Cela suppose la transformation imprévisible de ce qui fut donné. C'est cela qui paraît essentiel.

Dans la chose donnée quelque chose prend corps en dehors de soi, dans une réalité désormais impossible à saisir, à maîtriser.

Transmettre, c'est accueillir la possibilité d'un autre sens, c'est accepter que le donataire vienne briser le sens que moi je donne aux choses et à la vie.

Donner, c'est abandonner l'illusion de la maîtrise, perdre la volonté de pouvoir et de contrôle, c'est accepter de ne rien posséder.

Peut-être alors recevrons-nous un cadeau merveilleux. Nous nous apercevrons que l'origine est devant nous... chaque jour est origine...

Et nous qui, comme des écrevisses, la cherchions en arrière.

Conclusion

L'origine, un conte inachevé

« Finalement, la seule patrie réelle,
le seul sol sur lequel on puisse marcher,
la seule maison où l'on puisse s'arrêter
et s'abriter, c'est bien le langage. »

M. Foucault

Pour conclure, et rester dans le métissage des cultures, que diriez-vous d'une petite histoire juive [1] ?

« Cela se passe dans une école rabbinique. Un élève demande au grand rabbin : "Expliquez-moi, comment se fait-il que dans le Talmud de Babylone, chaque traité commence à la page 2 ; il manque toujours la première page."

Avez-vous idée de la réponse ? La voici : "L'homme d'études, quel que soit le nombre de pages qu'il aura lues et méditées, ne doit jamais perdre de vue qu'il n'est pas encore parvenu à la première page." »

Quand on croit savoir, en fait, on ne saurait rien encore ? L'absence de cette première page rappelle sans cesse que

1. M. BUBER, *Les récits hassidiques*, Seuil, 1996.

nous ne sommes que dans une connaissance approximative, incomplète, inachevée.

Commencer systématiquement par la page 2, cela fait terriblement désordre.

Tout se passe comme si l'absence de la page 1 était faite pour nous inviter à une déconstruction permanente. Parler serait peut-être avant tout déparler. Toute construction de discours appelle un recommencement incessant. Le réel s'énoncerait dans un dire qui doit sans cesse se dédire. L'absence du chiffre un serait un rappel permanent et irréductible de cette absence de fondement.

Car ce n'est pas n'importe quelle page qui manque, ce n'est pas la dernière, ni celle du milieu, c'est la première, celle d'un commencement, d'une origine. La signification du texte prend appui sur une lacune originaire.

La première page ne nous est pas donnée, est-elle en attente d'être conçue, pensée, écrite, lue, a-t-elle été arrachée ? On ne sait pas. En tous les cas elle manque à l'appel, et malgré cela, le discours se déroule, c'est bien cela qui est étrange, et paradoxal.

L'absence menace le savoir et en même temps il en surgit, c'est de ce « non lieu » qu'une parole advient. On ne peut rien dire de l'origine et pourtant un traité peut s'écrire presque en entier. Ce qui s'écrit, s'écrit depuis une absence, à partir d'un rien qui le précède et à la fois le supporte. La vie est ainsi posée comme une intrigue, le monde comme une énigme, le savoir n'épuise jamais ce qui est su, la pensée ne vient jamais à bout de ce qui est pensé, le vu renvoie sans cesse à ce qui est non vu. Le mystère n'est pas une manifestation du réel, il en est la condition même.

Très moderne, cette histoire. Très proche de ce que disait Gilles Deleuze : « On ne vit qu'à la pointe de son savoir, qu'à la pointe extrême qui sépare notre savoir de notre ignorance. »

En fin de compte, le plus déroutant c'est l'espace de liberté que cette absence ouvre, véritable gouffre de tous les possibles, les pires et les meilleurs.

Cette absence d'origine permet à une multiplicité de fictions de prendre leur envol. Sans origine, sans fondement donné, la pensée ne peut plus prétendre à énoncer Une Vérité unique et totalisante, mais construit des récits toujours différents et nouveaux. Cette absence ouvre la possibilité d'inventer un logos toujours à la recherche de lui-même et sans cesse renouvelé.

La seule parole possible n'est-elle finalement que celle du conte ? Serions-nous toujours dans des contes qu'on se raconte ?

Est-ce donc cela, l'espace du conte ? La « page 1 » agit comme un vide abyssal, insoutenable et qu'il faut bien combler d'une manière ou d'une autre. Le conte serait une tentative nécessaire, vitale, peut-être désespérée, de raconter ce qui toujours échappe. Nécessité irrémissible autant qu'illusoire, incontournable autant que dérisoire.

On ne peut pas ne pas conter. L'important sans doute, c'est de le reconnaître et de laisser aussi à son enfant la possibilité d'écrire son conte.

Table des matières

Mis en pages par DV Arts Graphiques à Chartres,
cet ouvrage a été achevé d'imprimer
en décembre 2006
par Legoprint à Trente
pour le compte de Bayard Éditions

Imprimé en Italie

Dépôt légal : janvier 2007
N° d'édition : 8198-01